PONS

Das große Übungsbuch **RECHTSCHREIBUNG & ZEICHENSETZUNG** Deutsch 5.–10. Klasse

von
Tanja Benissan-Messan, Beate Döring, Dietger Feiks, Fabian Grabbe, Elke Hufnagel, Ella Krauß, Almut Küppers, Ursula Lassert, Jutta von der Lühe, Chiara Maifeld, Horst Stephan, Astrid Wiese

Inhaltsverzeichnis

5./6. Klasse

Üben

Rechtschreibung

Testen

Rechtschreibung

Zeichensetzung

Diktate

Rechtschreibung

Zeichensetzung

7./8. Klasse

Üben

Rechtschreibung

Zeichensetzung

Inhaltsverzeichnis

Testen

Rechtschreibung

Zeichensetzung

Diktate

Rechtschreibung

Zeichensetzung

9./10. Klasse

Üben

Rechtschreibung

Vorwort

Liebe Schülerin, lieber Schüler,

weißt du bei diesen Sätzen, wie du schreiben musst?

Ferien sind klasse! – Ferien sind Klasse!

Dieser Test ist mir schwergefallen! – Dieser Test ist mir schwer gefallen!

Der Hund riss sich los und rannte nach Hause.
Oder fehlt hier ein Komma vor „und"?

Ist dir alles klar? Nein? Dann ist dieses Buch genau richtig für dich, denn es macht dich in **3 Schritten** fit in Rechtschreibung und Zeichensetzung!

So arbeitest du mit diesem Buch:

Schritt 1 – Üben

Wähle deine Klassenstufe aus, z. B. 5./6. Klasse, und entscheide, welches Thema du üben möchtest.
Lies zunächst die Regeln im farbigen Kasten durch. Alles klar?
Löse jetzt die Übungsaufgaben, in denen du das Wissen gleich anwenden kannst. Vergleiche deine Antworten dann mit den Lösungen hinten im Buch. Wenn du bei einer Aufgabe unsicher bist oder zu viele Fehler gemacht hast, wiederhole die Aufgabe am besten noch einmal.

Schritt 2 – Testen

Jetzt kannst du dich testen und prüfen, wie gut du schon bist. Bearbeite die Tests und vergleiche deine Antworten wieder mit den Lösungen.
Wenn dir ein Test schwergefallen ist, wiederhole die Übungskapitel und die Aufgaben, die am Ende der Lösungen des Tests angegeben sind.

Schritt 3 – Diktate

Jetzt übst du noch das Diktateschreiben. Du kannst dir die Diktate selbst diktieren, indem du sie mit dem Smartphone aufnimmst und sie dann Satz für Satz abspielst. Oder du lässt dir die Texte von einem Freund/einer Freundin oder deinen Eltern diktieren. Wenn du ein Diktat geschrieben hast, vergleiche es sofort mit dem Text im Buch. Schwierige Wörter sind im Buch farbig hervorgehoben.
Wenn du sie falsch geschrieben hast, wiederhole die Aufgaben, die am Ende eines jeden Diktats aufgeführt sind.

Wir wünschen dir viel Erfolg!
Deine PONS Lernhilfen-Redaktion

5./6. KLASSE

1 Vokale

1.1 Lang gesprochene Vokale

Alle Wörter in der deutschen Sprache bestehen aus Konsonanten (Mitlauten), Vokalen (Selbstlauten), deren Umlauten und Doppellauten, die aus zwei verschiedenen Vokalen zusammengesetzt sind.
Konsonanten: b, c, d, f, g, h, j, k, l, m, n, p, q, r, s, ß, t, v, w, x, z
Vokale/Umlaute: a, e, i, o, u / ä, ö, ü
Doppellaute: ai, ei, au, eu, äu

Vokale und Umlaute kannst du kurz (geschärft) oder lang (gedehnt) aussprechen:
Schärfung: **o**ffen (kurz gesprochenes *o*)
Dehnung: **O**fen (lang gesprochenes *o*)

Für die lang gesprochenen Vokale oder Umlaute gibt es verschiedene Schreibweisen. In vielen Wörtern werden sie mit einem **einfachen Buchstaben** wiedergegeben, auf den ein **einzelner Konsonant** folgt:
Abend, l**e**sen, g**i**b, T**o**n, n**u**r, B**ä**r, K**ö**nig, **ü**ben

Aufgabe 1

Suche die Wörter mit lang gesprochenen Vokalen und Umlauten und schreibe sie auf. Markiere dabei die lang gesprochenen Laute.

glatt baden Kind fegen Tor spät schnell Spuk Rolle Rabe Öl Küken Bank Igel Hering Esel mutig

Aufgabe 2

Bilde Reimwörter.

Vase	plagen
__________	__________
__________	__________
Schnaken	**haben**
__________	__________
__________	__________

Aufgabe 3

Löse diese Rätsel.

1						Dunst
2		E		E		Gerät zum Kehren
3			G			oben spitz zulaufender geometrischer Körper
4		E		E		Windtuch
5						aus Tierhaut gewonnenes Material

Aufgabe 4

Verwandle die durcheinandergeratenen Buchstaben in sinnvolle Wörter mit langen Vokalen oder Umlauten.

a) kumis __________
b) orBt __________
c) nTrneä __________
d) Does __________
e) pLeu __________
f) üleng __________
g) rTü __________
h) giHno __________
i) seÖ __________
j) aseN __________

Üben
Testen
Diktate

1.2 Lang gesprochene Vokale mit Dehnungs-*h*

In vielen deutschen Wörtern wird nach einem lang gesprochenen Vokal beim Schreiben ein *h* eingeschoben. Man nennt es auch ein **Dehnungs-*h***. Meistens wird das Dehnungs-*h* eingefügt, wenn auf einen langen Vokal einer der Konsonanten *l*, *m*, *n* oder *r* folgt. Du sprichst das Dehnungs-*h* im Wort nicht mit:
J**ah**r, n**eh**men, S**oh**n, R**uh**m, z**äh**len, gew**öh**nen, r**üh**men

Das Dehnungs-*h* bleibt in allen Formen einer Wortfamilie erhalten:
Z**ah**n – Z**äh**ne – Z**ah**narzt, fr**oh** – fr**oh**gemut – fr**öh**lich

Beachte: Folgen auf einen langen Vokal mehrere Konsonanten, wird kein Dehnungs-*h* eingefügt:
Ba**rt**, He**rd**

Wörter, die mit den Lauten *qu* oder *sch* beginnen, haben **kein Dehnungs-*h***. Auch die Vorsilbe *Ur-/ur-* schreibst du mit einfachem **u**:
Qual, **Sch**ale, **Sch**ule; **Ur**großvater, **ur**gemütlich, **ur**komisch

Verwechsle das **Dehnungs-*h*** nicht mit dem **silbentrennenden *h***. Das silbentrennende *h* steht immer zwischen einem langen und einem kurzen Vokal und leitet eine neue Sprechsilbe ein. Du sprichst das silbentrennende *h* mit und schreibst es bei der Worttrennung als ersten Buchstaben auf die neue Zeile:
ge-**hen**, ru-**hen**, Krä-**he**

Aufgabe 5

Finde Reimwörter und vervollständige die Lücken.

kahl	**lahm**	**erwähnen**	**fahren**
Pf________	R________	g________	verw________
Z________	z________	Str________	aufb________

Aufgabe 6

Bilde aus den Wortbausteinen des Märchenbaumes Wörter und schreibe sie auf.

Dabei kommt in jedem Wort die Stammsilbe **führ** vor.
Wortbausteine aus der Baumkrone stehen am Anfang und Wortbausteine des Falllaubes am Ende eines Wortes.

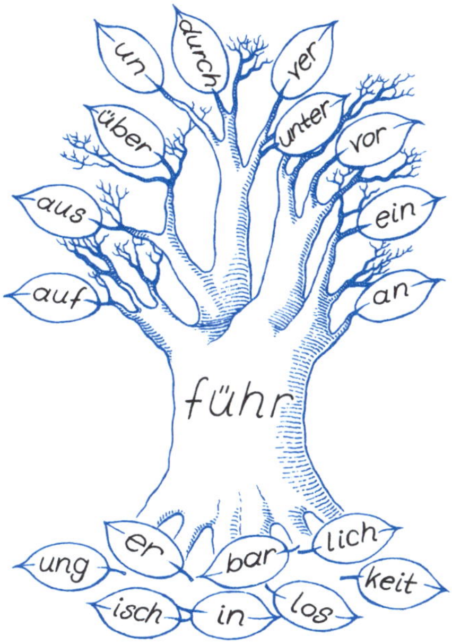

Aufgabe 7

Finde Wörter mit entgegengesetzter Bedeutung und ergänze sie.

a) geben ↔ n____________________

b) weniger ↔ m____________________

c) streiten ↔ vers____________________

d) warm ↔ k____________________

Aufgabe 8

Welche dieser Wörter sind falsch geschrieben? Kreuze sie an und schreibe sie richtig auf.

a) zäälen ☐ richtig ☐ falsch ____________________

b) keren ☐ richtig ☐ falsch ____________________

c) Hafen ☐ richtig ☐ falsch ____________________

d) Stul ☐ richtig ☐ falsch ____________________

e) schälen ☐ richtig ☐ falsch ____________________

Aufgabe 9

Löse die Rätsel und vervollständige die Lücken.

a) Das Gegenteil von „unbekannt" be__________

b) Ein anderes Wort für „bewundern" ver__________

c) Damit hat man früher geheizt K__________

d) Sie gibt es in jedem Klassenraum T__________

e) Wer müde ist, muss oft g__________

f) Sie haben Dornen R__________

g) Ein anderes Wort für „Karotte" M__________

h) Klebrige Erde L__________

Aufgabe 10

Trenne die angegebenen Wörter und schreibe sie in die richtige Spalte.

sehen – drehen – zählen – verzeihen – nehmen – befehlen – blühen – leihen – führen – ehren – drohen – dröhnen

Dehnungs-*h*	Silbentrennendes *h*

1.3 Doppelvokale

Bei einigen deutschen Wörtern werden die lang gesprochenen Vokale **a**, **e**, **o** beim Schreiben **verdoppelt**:
Haare, Meer, Moos

Es gibt nur wenige Wörter, die du mit *aa*, *ee* und *oo* schreiben musst. Die Vokale **u** und **i** werden im Deutschen **nicht verdoppelt**.

Beachte:
Wenn du von Wörtern, die mit dem Doppelvokal *aa* oder *oo* geschrieben werden, Ableitungen, Verkleinerungsformen oder den Plural bildest, wird aus dem Doppelvokal meistens ein einfacher Umlaut:
Haar – Härchen, Saat – Sämann – säen, Boot – Bötchen

Aufgabe 11

In dem Wortgitter sind 12 Wörter mit Doppelvokal versteckt. Markiere sie farbig und ordne sie anschließend richtig ein.

D	G	F	P	A	O	Q	P	E	M	B	W	A	A	G	E	B
L	D	B	A	M	B	Q	R	D	O	O	F	P	K	Ö	W	K
C	B	D	A	D	O	Ü	K	A	B	X	S	A	A	L	W	A
H	A	A	R	A	O	B	E	E	R	E	A	N	M	D	R	F
L	D	B	C	M	T	Q	R	T	S	O	N	P	O	Ö	W	F
S	T	A	A	T	Ä	Ü	K	W	E	X	Z	O	O	L	W	E
S	T	E	E	R	A	O	Q	P	E	U	M	B	S	C	D	E

aa: ______________________________

ee: ______________________________

oo: ______________________________

Üben
Testen
Diktate

Aufgabe 12

Hier ist etwas durcheinandergeraten. Schreibe die Wörter sinnvoll zusammengesetzt auf.

Lorbeersalz   Bodenfee   Speerglas
Meerfass   Märchenbeere   Kaffeespitze
Teerblatt   Erdsee   Geleesieb

____

____

____

____

Aufgabe 13

Welche Wörter werden hier gesucht? Löse die Rätsel und vervollständige die Lücken.

a) Ein großer Raum S__________
b) Ein Getränk T__________
c) Das Gegenteil von „voll" l__________
d) Schlangenförmiger Fisch A__________
e) Ein anderes Wort für Einfall I__________
f) Ein kleines Feld mit Blumen B__________

Aufgabe 14

Bilde die angegebenen Ableitungen und Formen.

a) Plural von „Saal" S__________
b) Verkleinerungsform von „Paar" P__________
c) Ableitung von „Waage" ab__________
d) Verkleinerungsform von „Boot" B__________

1.4 Der lange *i*-Laut

1. In vielen Wörtern wird der lang gesprochene *i*-Laut mit **ie** geschrieben:
   - bei Wörtern wie B**ie**ne, Br**ie**f, b**ie**gen, n**ie**drig
   - bei Wörtern, die mit *-ier* oder *-ieren* enden: Klav**ie**r, spaz**ie**ren, ausprob**ie**ren
   - bei fremdsprachlichen Wörtern, die mit einem lang gesprochenen *i*-Laut enden: Biolog**ie**, Gen**ie**, Lotter**ie**
   - bei Konjugationsformen von Verben: bleiben – ich bl**ie**b …
2. Der lang gesprochene *i*-Laut wird mit einem einfachen **i** wiedergegeben:
   - in wenigen einheimischen Wörtern: d**i**r, m**i**r, g**i**b
   - bei eingebürgerten Lehnwörtern: B**i**bel, L**i**ter, T**i**ger, St**i**l
   - bei Fremdwörtern im Wortinneren: Arch**i**v, Benz**i**n, Margar**i**ne
3. Das **ih** steht nur in folgenden Wörtern: **ih**m, **ih**n, **ih**nen, **ih**r.
4. Das **ieh** begegnet dir nur
   - im Wort V**ieh**
   - bei Konjugationsformen von Verben: stehlen – er st**ieh**lt
   - bei Wörtern mit silbentrennendem *h*: fl**ieh**en – er fl**ieh**t

Aufgabe 15

Vertausche die Vokale bei den angegebenen Wörtern und bilde neue Wörter mit ***ie***. Schreibe deine Ergebnisse auf.

Star	Gabel	lügen
Rose	Bar	loben
Bär	Regel	quaken
Tor	Segel	schaben
vor	Käfer	schmoren
Sog	Säge	Spaß

w**a**gen → **ie** → w**ie**gen

____

____

____

Aufgabe 16

Ergänze die fehlenden Buchstaben.

Paul hat F_____ber. Seit er mit seinen Freunden im Schnee gesp_____lt hat, muss er ständig n_____sen. Nun l_____gt er schon v_____le Tage im Bett und fühlt sich m_____s. Zum Glück besucht _____n Lars jeden Tag nach der Schule. Dann sp_____len s_____ gemeinsam ein Kartensp_____l bis Lars nach Hause muss. In spätestens drei Tagen darf Paul aber w_____der nach draußen, das hat _____m sein Arzt versprochen.

Aufgabe 17

Bilde zusammengesetzte Nomen und schreibe sie auf die Linien.

Benzin	Ball
Suppen	Feger
Kapitän(s)	Kabel
Kamin	Terrine
Medizin	Kanister
Liter	Stativ
Lawinen	Mütze
Tiger	Maß
Foto	Hund
Mikrofon	Burg
Biber	Fell

____

____

____

____

Aufgabe 18

Wie wird der *i*-Laut in den folgenden Wörtern geschrieben? Setze die fehlenden Buchstaben ein.

der ______gel	der B______ber	die W______se
die B______nen	______nen	stolz______ren
g______b	das S______b	der D______b

die Biolog______	die Garant______	die Fotograf______
das Kn______	das Klav______r	die Lotter______
fotograf______ren	garant______ren	train______ren

die Law______ne	die Ru______ne	die Turb______ne
die Apfels______ne	die Ros______ne	die Margar______ne
die Viol______ne	die Terr______ne	die Pral______ne

Aufgabe 19

Löse diese Rätsel.

a) Ein Ding, das eine Arbeit ausführt ist eine ____________________

b) Vögel können ____________________

c) Nach sechs kommt ____________________

d) Das Gegenteil von Krieg ist ____________________

e) Eine Raubkatze mit Streifen ist ein ____________________

f) Katzen sind keine Menschen, sondern ____________________

g) Ein sehr großer Mensch ist ein ____________________

h) Ein anderes Wort für „Zauber“ lautet ____________________

1.5 Kurz gesprochene Vokale

1. Auf einen kurz gesprochenen Vokal folgen oft zwei oder drei **verschiedene Konsonanten** (Konsonantenhäufung):
   Schra**nk**, Sa**lz**, schi**mpf**en

2. Folgt auf einen kurzen Vokal nur ein einzelner Konsonant, so musst du den **Konsonanten** beim Schreiben **verdoppeln** (Konsonantenverdoppelung):
   schla**ff**, E**gg**e, ü**pp**ig, Nu**mm**er

   Die Konsonantenverdoppelung gilt auch für die Nachsilben *-in* und *-nis* im Plural:
   Ärzt**in** – Ärzt**inn**en; Zeug**nis** – Zeug**niss**e (auch Genitiv Singular: des Zeug**niss**es)

3. Folgt auf einen kurzen Vokal ein *k* oder ein *z*, gilt eine besondere Regelung. Statt *kk* schreibst du **ck** und statt *zz* schreibst du **tz**:
   E**ck**e, ba**ck**en, lo**ck**en Ka**tz**e, schü**tz**en, Bli**tz**

   Ausnahmen bilden Fremdwörter wie Maro**kk**o, Mo**kk**a, Pi**zz**a.

Aufgabe 20

Ordne die Wörter mit kurz gesprochenem Vokal unten ein.

~~Sekt~~, ~~ackern~~, ~~verebben~~, ~~flitzen~~, kupfern, schleppen, rennen, Pflock, Freundinnen, Flanke, schlank, kribbeln, dürr, Mütze, Katze, Lump, stärken, Pudding, Dutzend, Schwamm, vermummen, welken, retten, Sessel, Volk, Sumpf, schlaff, fallen, Imker, Brücke, Geheimnisse, Pakt, Elle, Paddel, Mark, flaggen, Dank, Perücke

Konsonantenhäufung	Konsonanten-verdoppelung	*ck* und *tz*
Sekt	verebben	ackern flitzen

Aufgabe 21

Löse das Rätsel. Die blauen Felder ergeben ein Lösungswort, in dem zwei kurz gesprochene Vokale auftauchen, denen jeweils zwei unterschiedliche Konsonanten folgen.

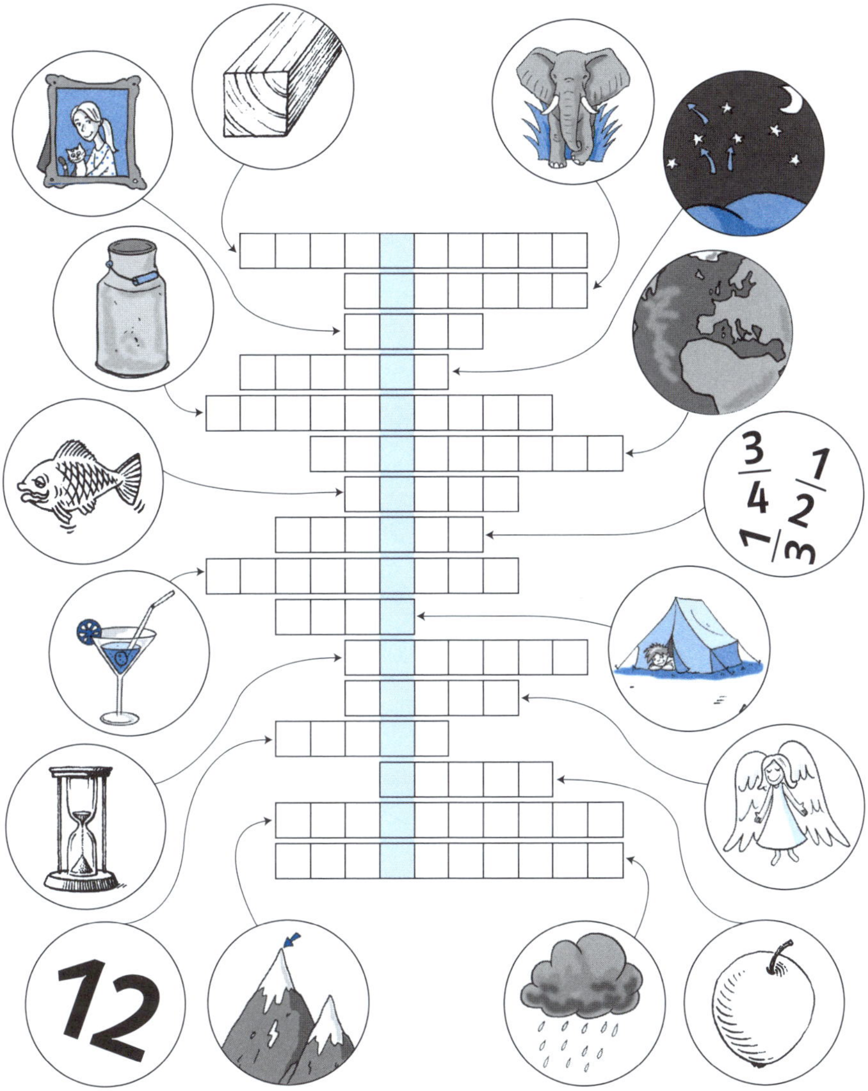

Lösungswort: ______________________________

Üben
Testen
Diktate

Aufgabe 22

Ordne den folgenden Buchstabensalat zu Wörtern mit einem kurzen Vokal.

a) sMit ____________

b) eppKa ____________

c) ttMae ____________

d) ssRi ____________

e) ssaKe ____________

f) pipeL ____________

g) Lssoa ____________

h) ngRi ____________

i) ppekin ____________

j) pLaenp ____________

Aufgabe 23

Bilde Reime.

Schritte	Kammer	Flotte
B____________	H____________	M____________
M____________	J____________	Kar____________

Aufgabe 24

Fülle die Tabelle aus.

Singular	Plural
Kundin	
	Kürbisse
Lehrerin	
Kenntnis	
	Königinnen

Aufgabe 25

Ordne diesen Wörtersalat und schreibe die richtig zusammengesetzten Nomen auf.

Platzfleisch Scharfritze Glatzmaus Schatzregen Feuerschütze

Blitzkopf Sitzgräber Mauerspritze Spitzlicht

____

____

____

Aufgabe 26

Bilde neue Wörter mit *ck* und schreibe sie auf.

a) Kniff *Knick*

b) Blitz B__________

c) Stoff St__________

d) Weber W__________

e) baden b__________

f) stehen st__________

Aufgabe 27

Finde die umschriebenen Wörter.

a) Blitz und Donner G__________

b) Langsames Tier Sch__________

c) Weder liegend noch stehend s__________

d) Junge Blüte K__________

e) Schmeckt gut zu Bratwürsten S__________

f) Mooriges Gelände S__________

g) Kleine Kinder, die noch nicht laufen können k__________

h) Vorweihnachtlicher Tannenschmuck A__________

1.6 Drei gleiche Konsonanten bei kurzen Vokalen

Bei **Wortzusammensetzungen** kann es dazu kommen, dass **drei gleiche Konsonanten** auf einen kurz gesprochenen Vokal folgen. Alle drei Konsonanten **bleiben erhalten**:
Donaudampfschi**fff**ahrtsgesellschaft, Meta**lll**euchter, Mü**lll**ager, Gewi**nnn**ummer, Fe**ttt**ropfen, Werksta**ttt**ruppe.

Aufgabe 28

Verbinde zusammenpassende Nomen und schreibe die zusammengesetzten Wörter auf.

Papp	
Sauerstoff	
Ballett	
Fett	
Blatt	
Stoff	
Bett	
Schluss	
Schutt	
Kompott	

Transporter
Triebe
Flasche
Strich
Tuch
Plakat
Truppe
Tropfen
Teller
Flicken

Aufgabe 29

Ein Schiffbrüchiger hinterlegte für seine Freunde eine Nachricht auf einer einsamen Insel. Um sie geheim zu halten, schrieb er Silbe um Silbe untereinander. Entziffere den Text und schreibe ihn mit den Satzzeichen auf.

BEI	TEN	VIER	GRUND	TALL	FET
LETZ	KON	NACH	WERT	LEUCH	ZEN
TEM	TROLL	EX	VOL	TER	BRANNT
HALT	LAM	PLO	LE	UND	WEIN
SAU	PEN	SION	LA	WEIN	MIT
ER	BALD	SCHIFF	DUNG	BRAND	AL
STOFF	ÜBER	EINE	AN	FÄS	TER
FLA	HIT	HAL	BORD	SER	NUM
SCHEN	ZUNG	BE	SUCHT	IN	ME
GE	IM	MEI	HIN	MEI	RIE
LA	LA	LE	TER	NER	RUNG
DEN	GER	VOR	WERK	KO	
AUF	RAUM	IN	STATT	JE	K.
SEE	NUM	SEL	TÜR	IN	S.
ZEIG	MER	AUF	ME	STOFF	OL
					SEN

2 *s*-Laute

2.1 *s, ss, ß*

Im Deutschen gibt es zweierlei *s*-Laute: den **stimmhaften** und den **stimmlosen s-Laut**. Das stimmhafte *s* kitzelt beim Sprechen ein wenig auf der Zunge: **s**agen, **s**au**s**en, ei**s**ig
Das stimmlose *s* wird dagegen gezischt: Strau**ß**, Gru**ß**, Stra**ß**e
Folgende Regeln helfen dir beim richtigen Schreiben.

Der stimmhafte *s*-Laut

Das stimmhafte *s* steht am **Wortanfang** und im **Wortinnern**. Es wird beim Schreiben immer mit dem **einfachen Buchstaben s** wiedergegeben:
Senf, **s**agen Rie**s**e, Na**s**e

Der stimmlose *s*-Laut

1. Das stimmlose *s* wird am **Wortende** mit einem **einfachen s** geschrieben, wenn sich beim **Verlängern** des Wortes ein stimmhaftes *s* ergibt (Verlängerungsprobe). Du kannst ein Wort verlängern, indem du z. B. den Plural, den Genitiv, den Komparativ oder bei Verben den Infinitiv bildest oder einfach nach einem anderen verwandten Wort suchst.
   Gla**s** → Glä**s**er niest → nie**s**en (stimmhaft = **s**)

2. Steht ein stimmloser *s*-Laut **nach** einem **kurzen Vokal** oder **Umlaut**, dann wird er ausnahmslos **verdoppelt** und als **ss** geschrieben:
   Pa**ss**, Ku**ss**, wi**ss**en

3. Folgt ein stimmloser *s*-Laut auf einen **langen Vokal**, **Umlaut** oder **Diphthong** (*ei*, *au*, *eu*, *äu*), schreibst du ihn als **ß**:
   Fu**ß**, sü**ß**, Flei**ß**

   Bist du unsicher, ob du am Wortende *s* oder *ß* schreiben musst, führe wieder die **Verlängerungsprobe** durch:
   Flei**ß** → flei**ß**ig gro**ß** → grö**ß**er (stimmlos = **ß**)

Beachte: Manchmal kommt es vor, dass innerhalb einer Wortfamilie oder bei der Konjugation von Verben der lange zum kurzen Vokal und, umgekehrt, der kurze zum langen Vokal wird.

In diesen Fällen gilt wieder:
Folgt das stimmlose *s* auf einen kurzen Vokal, schreibst du es als **ss**, folgt es auf einen langen Vokal, Umlaut oder Diphthong, schreibst du es als **ß**:
Schu**ss**, schie**ß**en, er schie**ß**t, er scho**ss**
Ri**ss**, rei**ß**en, du rei**ß**t, er rei**ß**t, er ri**ss**
Ma**ß**, me**ss**en, du mi**ss**t, er mi**ss**t, mä**ß**ig

Aufgabe 30

Spricht man diese Wörter mit einem stimmhaften oder mit einem stimmlosen *s*-Laut? Ordne jedes Wort richtig in die Tabelle ein.

Socken – heiß – lassen – verreisen – Wiese
Biss – Häuser – Sonne – genießen
selbst – müssen – Maß

stimmhafter *s*-Laut	stimmloser *s*-Laut

Aufgabe 31

Finde Reimwörter und trage sie in die Lücken ein. Lies deine Reime anschließend laut vor und achte dabei auf die Aussprache der Vokale und *s*-Laute.

Gasse	K__________	M__________
Wesen	l__________	B__________
Floß	St__________	Kl__________
Fussel	D__________	Sch__________
Nase	V__________	Ph__________
gießen	sp__________	fl__________
Rüssel	Sch__________	Schl__________

Aufgabe 32

Ergänze jeweils den Singular oder Plural. Lies die Wortpaare dann laut vor und achte dabei besonders auf die Aussprache des stimmhaften *s*-Lautes.

Singular	Plural
Gans	Gänse
	Gase
Hals	
Los	
	Preise
	Läuse
Gras	
	Kreise

Aufgabe 33

Diese Wörter werden am Ende mit einem stimmlosen *s* oder *ß* geschrieben. Verlängere die Wörter, indem du sie in den Genitiv (2. Fall) setzt.

Los des ______________________

Floß des ______________________

Fleiß des ______________________

Preis des ______________________

Spaß des ______________________

Glas des ______________________

Haus des ______________________

Strauß des ______________________

Aufgabe 34

Ergänze die Tabelle. Lies die Wörter anschließend laut vor und achte besonders auf das stimmhafte *s* im Infinitiv.

reisen	*du reist*	*er reiste*
	du löst	
speisen		
	du bremst	
		er raste
		er brauste
blasen		

Aufgabe 35

Werden diese Wörter mit einem *s* oder mit einem *ß* geschrieben? Bilde Ableitungen, an denen du die richtige Schreibung erkennen kannst und schreibe sie auf.

a) Moo________ → __________

b) Fu________ → __________

c) das Gla________ → __________

d) er nie________t → __________

e) es flie________t → __________

f) der Gru________ → __________

g) gro________ → __________

h) sie gie________t → __________

i) Mau________ → __________

Aufgabe 36

Ergänze die angegebenen Formen.

a) 1. Person Singular Präteritum von „lesen“: ich __________

b) 2. Person Singular Präsens von „messen“: du __________

c) 3. Person Singular Präteritum von „schließen“: er __________

d) 1. Person Plural Präteritum von „lassen“: wir __________

e) 2. Person Plural Präsens von „wissen“: ihr __________

f) 3. Person Plural Präteritum von „reißen“: sie __________

2.2 Vorsilbe *Miss-/miss-*, Nachsilbe *-nis*

1. Die Vorsilbe *Miss-/miss-* wird mit **ss** geschrieben:
   *Miss*trauen, *miss*deuten

2. Die Nachsilbe *-nis* wird mit dem einfachen Buchstaben *s* geschrieben:
   Ereig**nis**, Kennt**nis**

   Im **Plural** und im **Genitiv** wird aus dem einfachen *s* ein *ss*:
   die Ereigni**ss**e (Plural), des Ereigni**ss**es (Genitiv)

Aufgabe 37

Bilde Wörter mit der Vorsilbe *Miss-/miss-*. Schreibe sie auf.

Miss-/miss-

fallen, raten, lingen, Klang, handeln, Geschick, brauchen, achten, Verständnis, Gestalt, Mut, billigen, Ton, Gunst, deuten, Ernte

Aufgabe 38

Vervollständige die Tabelle.

Singular	Plural	Genitiv
das Erlebnis	die Erlebnisse	des Erlebnisses
	die Ergebnisse	
das Zeugnis		
das Geheimnis		
	die Verzeichnisse	

2.3 *das* und *dass*

Das oder **dass** kann vier Aufgaben erfüllen:

1. Als **Artikel** *das* gehört es zu einem Nomen:
   das Buch, **das** Kind, **das** Fenster
2. Als **Relativpronomen** (bezügliches Fürwort) *das* leitet es einen Nebensatz ein und bezieht sich auf ein vorheriges Nomen:
   Das Haus, **das** alt ist, wird renoviert.
3. Als **Demonstrativpronomen** (hinweisendes Fürwort) *das* weist es auf einen Gegenstand oder eine Handlung hin:
   Das ist mein Buch.
4. Als **Konjunktion** (Bindewort) *dass* verbindet es einen Neben- mit einem Hauptsatz:
   Ich weiß, **dass** du da bist. / **Dass** du gekommen bist, freut mich.

Ersatzprobe als Rechtschreibhilfe
Man schreibt **das**, wenn man dafür *dieses*, *jenes* oder *welches* einsetzen kann. In allen anderen Fällen schreibt man **dass**.

Aufgabe 39

Schreibe *das* oder *dass* in die Lücken. Trage in Klammern ein, welche Wörter du ersatzweise einsetzen kannst. Trage einen Strich ein, wenn die Ersatzprobe nicht funktioniert.

a) Toni kauft sich am Kiosk ein Fitnessgetränk, ____________ sehr lecker ist.

(__________________)

b) ____________ Getränk besteht aus Johannisbeersaft, Honig und Wasser.

(__________________)

c) Toni hofft, ____________ er den Drink zuhause nachmachen kann.

(__________________)

d) Toni ist sicher, ____________ der Drink auch bei seinen Freunden gut ankommt. (__________________)

Üben
Testen
Diktate

Aufgabe 40

Um welche Wortart handelt es sich bei den markierten Wörtern jeweils? Kreuze den richtigen Buchstaben an: Konjunktion (K), Artikel (A), Relativpronomen (R), Demonstrativpronomen (D).

		K	A	R	D
a)	Ich frage mich, ob **das** wirklich stimmt.				
b)	Ich hoffe, **dass** morgen nichts schiefgeht.				
c)	**Das** Känguru, **das** in Australien heimisch ist, gehört zu den Beuteltieren.				
d)	Marie freut sich, **dass** sie sich heute Nachmittag mit ihren Freundinnen am Badesee treffen kann.				
e)	**Das** war eine tolle Geburtstagsfeier!				
f)	**Das** diesjährige Sommerfest war ein großer Erfolg.				
g)	„**Dass** du **das** geschafft hast!“				

Aufgabe 41

Welches Wort gehört jeweils in die Lücken, *das* oder *dass*? Achte auch auf die Groß- und Kleinschreibung.

a) __________ Handy dort links im Schaufenster gefällt mir besonders gut.

b) Schade, __________ du keine Zeit hattest, mit ins Kino zu gehen.

c) Lisa war sehr stolz, __________ Rätsel als Erste gelöst zu haben.

d) __________ Auto, __________ im Halteverbot stand, wurde abgeschleppt.

e) __________ du den 1. Platz belegt hast, freut mich sehr.

f) __________ Spiel endete unentschieden.

g) __________ ließ er sich nicht zweimal sagen!

h) Der Polizist erklärte, __________ es keine Zeugen für den Vorfall gebe.

i) Denk daran, __________ du den Akku regelmäßig aufladen musst.

3 Gleich und ähnlich klingende Laute

3.1 Der *x*-Laut

In vielen deutschen Wörtern klingt der *x*-Laut gleich oder ähnlich, beim Schreiben wird er aber mit unterschiedlichen Buchstaben wiedergegeben: mit **x**, **ks**, **chs**, **gs** oder **cks**.

1. Einige Wörter werden mit **gs** und **cks** geschrieben. Meist kannst du sie verlängern oder von verwandten Wörtern ableiten und so erkennen, wie der *x*-Laut geschrieben werden muss:
   gs: anfan**gs** → anfan**g**en
   cks: Kna**cks** → kna**ck**en

2. Wenige Wörter werden mit **ks** geschrieben. Mitunter hilft dir wieder die Verlängerungs- oder Ableitungsprobe (du den*k*st → den*k*en).
   Am besten prägst du dir diese Wörter aber ein:
   Ke**ks**, Ko**ks**, lin**ks**, mur**ks**en, schla**ks**ig

3. Einige deutsche Wörter und viele Fremdwörter werden mit **x** geschrieben. Für diese Wörter gibt es keine Rechtschreibhilfen. Am besten lernst du sie auswendig:
   A**x**t, Fa**x**en, fei**x**en, He**x**e, kra**x**eln, Ni**x**e, Ta**x**i,
   E**x**emplar, E**x**press, Pra**x**is, Le**x**ikon …

   Am Wortanfang schreibst du den *x*-Laut immer mit einem **x**.
   Xylofon, **X**anten, **X**aver

4. Bei einigen Wörtern wird der *x*-Laut mit **chs** wiedergegeben. Auch diese Wörter kannst du nicht ableiten. Präge sie dir einfach ein. Du kannst auch in einem Wörterbuch nachschlagen, wenn du unsicher bist.
   Hier einige Beispiele: A**chs**e, Bü**chs**e, Fla**chs**, se**chs**, wa**chs**en, We**chs**el

   Tipp: **Tiernamen** mit einem *x*-Laut schreibst du immer mit **chs**:
   Fu**chs**, Lu**chs**, La**chs**, E**chs**e, O**chs**e

Aufgabe 42

Löse das folgende Rätsel mit den fünf verflixten *x*.

1	X					Jungenname
2		X				etwas Besonderes
3			X			mischen
4				X		Mädchenname
5					X	Jungenname

Aufgabe 43

Suche zu den folgenden Wörtern mit *gs* und *cks* verwandte Wörter und schreibe sie auf.

unterwegs	*Weg*	zwecks	*Zweck*
mittags	______	augenblicks	______
Anhängsel	______	hinterrücks	______
allerdings	______	Klecks	______
flugs	______	Knicks	______
längs	______	tricksen	______

Aufgabe 44

Wie werden die Lückenwörter geschrieben? Setze die richtigen Buchstaben ein (*x*, *gs*, *ks* oder *cks*).

„Ich kann zwar nicht he______ en, aber das schaffe ich mit lin______!", denkt sich Amelie. Rin______ herum liegen alte Schulhefte, Bücher und jede Menge Papierkram. Mu______mäuschenstill macht sie sich ans Aufräumen. Jetzt können die Ferien beginnen!

Aufgabe 45

Bei diesen zusammengesetzten Nomen fehlt ein Teil. Ergänze ihn jeweils. Folgende Wörter können dir dabei helfen:

Explosion Lexikon Luxus
boxen extra
Express

________________ gefahr	________________bote
________________blatt	________________kampf
________________jacht	Fremdwörter________________

Aufgabe 46

Welche Wörter werden hier gesucht? Füge die fehlenden Buchstaben ein.

a) Das Krümelmonster isst am liebsten	Ke________ e
b) Ein anderes Wort für „Fachmann“	E________ perte
c) Das schmeckt lecker	Frühstü________ ei
d) Pasta gehört zu Gretas	Lieblin________ speisen
e) Der Arzt arbeitet in einer	Pra________ is
f) Daraus werden Kerzen hergestellt	Wa________
g) Musikinstrument	________ ylofon
h) Ein anderes Wort für „zuerst“	anfan________
i) Küchengerät	Mi________ er
j) Rotbraunes Raubtier	Fu________
k) Damit kann man Holz hacken	A________ t

3.2 *b, d, g – p, t, k*

Die Konsonanten *b, d, g* und *p, t, k* klingen oft gleich oder ähnlich, sodass du dich beim Schreiben **nicht** an der Aussprache orientieren kannst. Es gibt aber Regeln, die dir helfen, diese schwierigen Laute richtig zu schreiben.

1. Durch deutliche Aussprache eines Wortes hörst du, ob es am **Anfang** (Anlaut) oder im **Innern** (Inlaut) mit *b, d, g* oder mit *p, t, k* geschrieben wird:
   Bein → **P**ein
   Deich → **T**eich
   Gasse → **K**asse
   Trau**b**e → Rau**p**e
   En**d**e → En**t**e
   Ber**g**e → Wer**k**e

2. Weißt du nicht, ob ein Wort am Ende (Auslaut) mit *b, d, g* oder *p, t, k* geschrieben wird, so verlängerst du es oder suchst ein verwandtes Wort (Verlängerungs- oder Ableitungsprobe):
   Kal**b** → Käl**b**er   Ty**p** → ty**p**isch
   Her**d** → Her**d**e   Wer**t** → Wer**t**e
   Gan**g** → Gän**g**e   Ban**k** → Bän**k**e

Beachte:
Mit **b** schreibst du: A**b**t, Er**b**se, Her**b**st, hü**b**sch, O**b**st, Kre**b**s, O**b**hut, a**b**, o**b**
Mit **p** schreibst du: Gi**p**s, Ra**p**s, Mo**p**s, Schna**p**s, Schli**p**s, Pa**p**st, Ka**p**sel, Stö**p**sel, Hau**p**t, Klem**p**ner, Se**p**tember

Aufgabe 47

Ordne den Buchstabenwirrwarr zu sinnvollen Wörtern.

n H u d
a) ______________

w k r e
d) ______________

t b u n
b) ______________

i b e S
e) ______________

g e w Z r
c) ______________

e i p P
f) ______________

Aufgabe 48

Führe für jedes Wort eine Ableitungs- oder Verlängerungsprobe durch. Trage anschließend *b*, *d*, *g* oder *p*, *t*, *k* ein.

a) Schrank *Schränke*
b) Zu______ ______________
c) We______ ______________
d) Kru______ ______________
e) run______ ______________
f) Lan______ ______________
g) Mark______ ______________
h) berühm______ ______________
i) Betrie______ ______________
j) Die______ ______________
k) gin______ ______________
l) Pum______ ______________

Aufgabe 49

Streiche alle Wörter durch, die falsch geschrieben sind, und schreibe sie richtig auf.

Park – Bach – Pech – Staub – liep – Bat – Spuk

Tat – Zweik – Raup – Felt – Geld

Lumb – hüpsch – Tak

3.3 Die Endungen *-ig* und *-lich*

Die beiden Wortendungen *-ig* und *-lich* klingen oft gleich. Mit der **Verlängerungsprobe** findest du aber schnell heraus, wie du die jeweilige Endung schreiben musst.

rost?	→	ein rost**iger** Nagel	→	rostig
freundl?	→	ein freund**liches** Gesicht	→	freundlich

Aufgabe 50

Verlängere die Wörter zuerst. Schreibe dann jedes Adjektiv in seiner Grundform auf die Linie.

ein geiz*ig*er Menschen	*geizig*
eine grusel______e Geschichte	____________
ein stein______er Weg	____________
eine süßl______e Speise	____________
ein gold______er Hund	____________
eine grünl______e Färbung	____________

Aufgabe 51

Welche Endung stimmt? Kreuze sie an. Schreibe jedes Wort anschließend mit der richtigen Endung auf die Linie.

kräft	ich	☐	ig	☐	____________
königl	ich	☐	ig	☐	____________
saft	ich	☐	ig	☐	____________
kleinl	ich	☐	ig	☐	____________
friedl	ich	☐	ig	☐	____________

3.4 *e* und *ä*, *eu* und *äu*

Die Laute *e* – *ä* und *eu* – *äu* klingen oft gleich oder zumindest ähnlich:
St**e**lle – St**ä**lle; Schl**eu**se – M**äu**se

Bei der Schreibung dieser schwierigen Laute helfen dir **Ableitungen** von verwandten Wörtern (Stammwörtern).

1. Du schreibst **ä** statt **e**, wenn es ein Stammwort mit *a* gibt:
   L**ä**nder – L**a**nd; l**äu**ten – L**au**t

   In wenigen Wörtern
   - kann man *e* oder *ä* schreiben:
     aufw**e**ndig (→ aufw**e**nden) oder aufw**ä**ndig (→ Aufw**a**nd)
   - schreibt man *ä*, ohne dass es ein Stammwort mit *a* gibt:
     ätzen, d**ä**mmern, Gel**ä**nder, L**ä**rm, Sch**ä**rpe
   - schreibt man *e*, obwohl es ein Stammwort mit *a* gibt:
     Eltern trotz **a**lt

2. Du schreibst **äu** statt **eu**, wenn es ein Stammwort mit *au* gibt:
   Geb**äu**de – b**au**en; M**äu**se – M**au**s

   In wenigen Wörtern schreibt man *äu*, ohne dass es ein Stammwort mit *au* gibt: Kn**äu**el, sich r**äu**spern, S**äu**le, sich str**äu**ben

Aufgabe 52

Leite die Wörter mit *ä* oder *äu* von Wörtern mit *a* oder *au* ab.

a) Hände	d) schwächlich	g) Räuber
______	______	______
b) häuslich	e) Fähre	h) gläubig
______	______	______
c) sich schnäuzen	f) glätten	i) Ärmel
______	______	______

Aufgabe 53

Bilde Verkleinerungsformen mit den Endsilben *-chen* oder *-lein*. Schreibe die neuen Wörter in die Lücken.

Kranz	____________	Gras	____________
Hahn	____________	Laden	____________
Garten	____________	Faden	____________
Rad	____________	Apfel	____________
Hase	____________	Schale	____________
Pferd	____________	Schrank	____________

Aufgabe 54

Diese Wörter sind durcheinandergeraten. Bilde sinnvolle Zusammensetzungen und schreibe sie auf.

Dämlichheit Schädelfee Märchensprung Spähkleid

Dämmerkeit Grätschbruch Säbeltrupp

Trägung Mädchenklinge

____

____

____

____

____

____

____

____

____

Aufgabe 55

Annika und Tim jonglieren mit Silben. Bilde daraus Wörter und ordne sie in die Tabelle ein.

eu	äu

Aufgabe 56

Setze die folgenden Wörter in den Plural und schreibe sie auf.

~~Bauch~~ – Freund – Baum – Faust – Gaul – Flugzeug – Kraut – Laus –
Schlauch – Strauch – Strauß – Maus – Raum – Haus – Haut – Braut

Bäuche ______________________________

____

____

____

Aufgabe 57

Bilde Verkleinerungsformen mit *-chen* oder *-lein*.

Daumen	Teufel	Schaufel	Auge
________	________	________	________
Taube	Mauer	Freund	Strauß
________	________	________	________

Aufgabe 58

Schreibst du mit *eu*, *äu*, *e* oder *ä*? Markiere die richtige Schreibweise.

a) Stängel / Stengel
b) Mäuse / Meuse
c) Heuser / Häuser
d) schnäuzen / schneuzen
e) viele Läute / viele Leute
f) Schäusal / Scheusal
g) treumen / träumen
h) schwänzen / schwenzen
i) Gense / Gänse
j) Mäute / Meute
k) häute Morgen / heute Morgen
l) Freude / Fräude
m) sich reuspern / räuspern
n) bläulich / bleulich

3.5 *ei* und *ai*

Wörter mit den Doppellauten *ei* und *ai* klingen oft gleich oder ähnlich. Die meisten Wörter mit diesem Laut schreibst du mit **ei**. Es gibt im Deutschen nur wenige Wörter, die mit **ai** geschrieben werden. Am besten lernst du sie auswendig.

Die wichtigsten dieser Wörter sind:
H**ai**, K**ai**, K**ai**ser, L**ai**b, L**ai**ch, M**ai**, M**ai**s, S**ai**te, W**ai**se

Aufgabe 59

Bilde zusammengesetzte Nomen. Schreibe sie unten auf.

Waisen	Weite
Brot	Feld
Kai	Plan
Detail	Mauer
Mais	Haus
Geigen	Laib
Buchen	Hain
Taillen	Saite

Aufgabe 60

Berichtige diesen Wörtersalat. Bilde sinnvolle Zusammensetzungen und schreibe sie auf.

Hafensaite Froschwaise Kaifisch Kaisermauer

Halblaib Haikrone Futterbai Brotlaich Gitarrenmais

______ ______ ______

______ ______ ______

______ ______ ______

Aufgabe 61

Überlege, ob die Lückenwörter mit *ei* oder *ai* geschrieben werden müssen und vervollständige die Lücken.

Laib – Leib – Seite – Saite – Mein – mein – Main – Waise – Weise

a) Pizza ist meine absolute ______speise.

b) Weil wir so eine große Familie sind, essen wir jeden Tag einen ______ Brot.

c) Beim Vorspielen ist die ______ an meiner Gitarre gerissen.

d) Dieses Buch war so spannend, dass ich jede ______ verschlungen habe.

e) ______ Bruder nimmt sich ständig ______ Handy, ohne zu fragen.

f) Manchmal fahren wir mit unserem Kajak auf dem ______.

g) Seit dem tödlichen Autounfall ihrer Eltern ist sie eine ______.

h) Das Rätsel kannst du auf verschiedene ______ lösen.

4 Groß- und Kleinschreibung

4.1 Satzanfänge und Nomen

1. Das **erste Wort** eines **Satzes**, eines **Textes**, einer **Überschrift** schreibst du immer mit einem großen Anfangsbuchstaben:
   Es war einmal … (Märchenanfang)
   Die wilden Hühner (Überschrift/Titel)

   Wenn **nach** einem **Doppelpunkt** ein **vollständiger Satz** oder die **wörtliche Rede** folgt, schreibst du das erste Wort groß:
   So viel ist klar: **D**as kann nicht gut gehen! (vollständiger Satz)
   Er fragte: „**W**ann kommst du?" (wörtliche Rede)

2. **Nomen** schreibst du immer groß. Du erkennst Nomen an bestimmten Begleitern, die ihnen vorangestellt sind:
   der/ein Tisch, **die/eine** Lampe, **das/ein** Sofa (Artikel)
   am (an dem) Tisch (Präposition + Artikel)
   mein/unser/euer Tisch (Pronomen)

   Viele **Nomen** kannst du auch an ihren **Endungen** erkennen. Wörter mit den Nachsilbe *-heit*, *-keit*, *-schaft*, *-nis*, *-sal*, *-ung*, *-tum* und *-ling* sind Nomen, die vor allem aus Adjektiven und Verben entstanden sind:
   Verwandt**schaft**, **N**eu**ling**, **Z**eug**nis**, **E**itel**keit**

   Nomen können mit Nomen oder anderen Wortarten **zusammengesetzt** sein:
   Fußballspiel (Nomen + Nomen + Nomen).

   Wenn ein Nomen mit anderen Wortarten verbunden wird, handelt es sich nur dann um ein Nomen, wenn der letzte Bestandteil der Zusammensetzung (Grundwort) ein Nomen ist:
   Blau**licht** = Adjektiv + Nomen → **Nomen** (Großschreibung)
   himmel**blau** = Nomen + Adjektiv → **Adjektiv** (Kleinschreibung)

Aufgabe 62

Schreibe die Sätze richtig auf. Welche Wörter musst du großschreiben?

a) meine kleine schwester isst am liebsten schokoladenpudding.

b) mein aufsatz trägt den titel „die erfindung des fahrrads".

c) am dienstag fiel das fußballtraining aus.

d) das habe ich befürchtet: da fehlt doch tatsächlich eine schraube!

e) lena hat im garten eine sonnenblume gepflanzt.

f) „dame" und „mühle" sind brettspiele.

Aufgabe 63

Bilde abgeleitete Nomen, indem du die angegebenen Adjektive und Verben mit den Endungen *-heit*, *-keit* oder *-ung* verbindest.

Adjektiv	Nomen	Verb	Nomen
frei	Freiheit	erzählen	Erzählung
klug	______	erinnern	______
wirklich	______	erleichtern	______
dunkel	______	versuchen	______
ehrlich	______	wandern	______
wahr	______	einladen	______
gemein	______	entfernen	______
gesund	______	beleidigen	______
traurig	______	anstrengen	______
selten	______	verletzen	______

Aufgabe 64

Wähle passende Endungen aus und bilde sinnvolle Nomen.

-lein, -ung, -sal, -schaft, -ling, -heit, -chen, keit, -sel, -tum, -nis

Reich__________ Erleb__________ Müh__________

Anhäng__________ Lieb__________ Freund__________

Aufgabe 65

Hier ist etwas durcheinandergeraten. Überlege, was zusammenpasst und schreibe die Wörter richtig auf.

Kennschule Grauspecht Vielschrift Leitzeichen Rotmeise
Rückfraß Fahrplanke Buntkehlchen Überweg

Aufgabe 66

Bilde zusammengesetzte Nomen. Schreibe sie auf.

ein	Rad
edel	Haus
treiben	Horn
vor	Kind
weich	Stoff
rennen	Maschine
klein	Metall
hoch	Sicht
schleifen	Specht
bunt	Tor
eigen	Käse
blau	Licht

4.2 Nominalisierte Adjektive

Adjektive (Eigenschaftswörter) werden fast immer kleingeschrieben. Sie benennen Eigenschaften und Merkmale von Dingen, Lebewesen und Vorgängen:
schnell, **g**roß, **s**chön, **g**esund, **k**rank

Großschreibung von Adjektiven

Adjektive musst du großschreiben, wenn du sie als Nomen gebrauchst. Man spricht in diesen Fällen auch von der **Nominalisierung** eines Adjektivs. Adjektive kannst du auf verschiedene Arten nominalisieren.

1. Mithilfe eines vorangestellten Artikels:
   das Wunderbare, **das B**este, **die S**chöne

2. Mithilfe eines vorangestellten Pronomens:
   unser Wertvollstes, **dein L**iebstes, **mein L**ieber!

3. Mithilfe einer vorangestellten Präposition (oft mit einem Artikel verschmolzen):
   bei Rot halten, **ins** (in das) **G**rüne fahren, **im A**llgemeinen

4. Mithilfe einer unbestimmten Mengenangabe (*viel*, *wenig*, *alles*, *einiges*, *etwas*, *nichts* …):
   viel Schönes, **allerlei S**üßes, **wenig B**rauchbares, **nichts N**eues

Beachte: Wenn einem Adjektiv **kein Begleiter** vorangestellt ist, du ihn aber ergänzen kannst, handelt es sich auch um eine Nominalisierung, die du mit einem großen Anfangsbuchstaben schreiben musst:
Sie essen gerne (*viel*) **S**üßes.

Superlative mit **am** schreibst du immer klein. Du kannst sie mit *wie?* erfragen:
Er lief am **s**chnellsten (*wie?*) von allen.

Aufgabe 67

Lies zuerst den Prospekt. Ordne anschließend alle nominalisierten Adjektive, die in dem Text vorkommen, in die Tabelle ein.

Unser Prospekt für Kenner

Südseezauber – etwas Exotisches

Wenn Sie das Besondere lieben, werden Sie dieses Angebot begrüßen. Es ist eine Reise ins Ungewisse. Es erwartet Sie ein Paradies, das Ihnen das Prächtigste bietet: strahlende Sonne, blinkendes Meer, freundliche Inselbewohner … Diese Umgebung hat etwas Heiteres und Unbeschwertes.
Es sind einige Fahrten ins Blaue vorgesehen; das wird Ihnen einen unvergesslichen Eindruck vom Wundervollen der Südsee vermitteln.
Wir werden stets unser Bestes tun, um Ihnen den Aufenthalt angenehm zu gestalten.

nominalisiertes Adjektiv mit Artikel	nominalisiertes Adjektiv mit Pronomen	nominalisiertes Adjektiv mit Präposition	nominalisiertes Adjektiv mit Mengenangabe

Aufgabe 68

Hier werden aus Adjektiven viele Nomen gebildet. Schreibe sie auf.

Aufgabe 69

Setze die richtigen Buchstaben ein.

Wenn er zahlen muss, trifft es keinen **(A/a)** ______rmen.

Besser **(A/a)** ______rm und gesund, als reich und krank.

Er hat vielen **(A/a)** ______rmen geholfen.

Alina kauft einen **(S/s)** ______chönen Sommerhut.

Sie ist allem **(S/s)** ______chönen zugetan. Wir haben im Urlaub viel **(S/s)** ______chönes erlebt. Sei **(S/s)** ______chön brav!

Die **(F/f)** ______instere Nacht wirkt unheimlich.

Im **(F/f)** ______instern fürchte ich mich.

Im Keller ist es kalt und **(F/f)** ______inster.

Aufgabe 70

Wie musst du die Lückenwörter jeweils schreiben, groß oder klein? Trage sie richtig geschrieben in die Lücken ein.

Es gibt nichts ______________ **(UNANGENEHMERES)** als einen Sonnenstich. Der Kopf schmerzt und man verträgt nichts ______________ **(LAUTES)** um sich herum. Das ______________ **(ÜBLE)** ist, dass es manchen Leuten auch richtig ______________ **(ÜBLE)** dabei ist. Sie meiden das ______________ **(HELLE)** und erholen sich eher im ______________ **(DUNKLEN)** Zimmer. Dabei kann es so einfach sein, sich davor zu schützen: mit einer Mütze!

Aufgabe 71

Trage die angegebenen Wörter richtig in die Lücken ein.

a) Die Mathehausaufgaben fand ich heute ______________ **(LEICHT)**.

b) Das ______________ **(SCHRECKLICHSTE)** in der Schule ist die Sportstunde.

c) Nadja kann einfach am ______________ **(BESTEN)** singen.

d) Ich finde die Pausen ______________ **(GUT)**.

e) Das ______________ **(BESTE)** an den Pausen ist das Schülercafé.

f) Im Biologieunterricht erfahren wir immer viel ______________ **(INTERESSANTES)**.

4.3 Nominalisierte Verben und Partizipien

Verben und Partizipien werden fast immer kleingeschrieben:
sprechen; ich **s**preche, du **s**prichst …
sprechend (Partizip I), **g**esprochen (Partizip II)

Großschreibung von Verben und Partizipien

Verben und Partizipien werden großgeschrieben, wenn sie als Nomen gebraucht werden. **Nominalisierte Verben** und **Partizipien** sind gekennzeichnet durch

1. den bestimmten oder unbestimmten **Artikel**:
   das Kochen, **ein E**ssen; **das G**ekochte, **die E**ssenden
2. ein vorangestelltes **Pronomen**:
   diese/sein Schreiben; **mein G**eschriebenes
3. eine vorangestellte **unbestimmte Mengenangabe** (*viel, wenig, alles, einiges, etwas* …):
   alles Grübeln; **etwas/viel G**litzerndes
4. ein vorangestelltes **Adjektiv** mit oder ohne Artikel:
   (ein) **gutes G**elingen; **scharf G**ebratenes
5. eine vorangestellte **Präposition** (oft mit einem Artikel verschmolzen):
   auf Wiedersehen; **beim** (bei dem) **W**andern
   im (in dem) **F**olgenden, **auf** dem **L**aufenden sein

Beachte:
Wenn einem Verb oder Partizip kein **Begleiter** vorangestellt ist, du ihn aber ergänzen kannst, handelt es sich auch um eine Nominalisierung, die du mit einem großen Anfangsbuchstaben schreiben musst:
Vielen Menschen machen (*das*) **S**ingen und (*das*) **T**anzen großen Spaß.
Ich möchte **F**olgendes (*das Folgende*) sagen.

Aufgabe 72

Welche dieser Wörter sind Verben? Kreise sie ein.

sehen malerisch sagen leserlich essbar
sichtbar malen abwaschen atemlos lesen
abwaschbar essen atmen sagenhaft

Aufgabe 73

Setze richtig ein.

singen/Singen

Unser ________________ erfreut die Zuhörer. Schönes ________________ ist ein Genuss. Kannst du nicht dein ________________ bleiben lassen? Kannst du gut ________________? Er störte die Nachtruhe der Nachbarn durch lautes ________________.

spielen/Spielen

Wir ________________ im Garten. Die Kinder sind beim ________________. Willst du mit mir ________________? Hast du Lust zum ________________? Heute will ich mit meinen Freunden ________________.

wandern/Wandern

Das ________________ ist des Müllers Lust. Zum richtigen ________________ gehört festes Schuhwerk. Der Albverein geht am Sonntag ________________.

Stetes ________________ hält dich fit und gesund. Beim ________________ haben wir schon viele schöne Erlebnisse gehabt.

Aufgabe 74

Setze die angegebenen Verben ein und achte dabei auf die richtige Groß- und Kleinschreibung.

a) Sonja hatte uns zum ________________ eingeladen. **(essen)**

b) In den Ferien kann ich endlich ________________. **(ausschlafen)**

c) Beim ________________ der Datei ist Mark ein Fehler passiert. **(kopieren)**

d) Das laute ________________ der Sirenen war überall zu hören. **(heulen)**

e) Alle staunten über das große ________________ der Artisten. **(können)**

f) „Hoffentlich müssen wir nicht so lange ________________!“ **(warten)**

g) Das war nicht zum ________________! **(lachen)**

h) Ihr ________________ wird ihnen nichts nützen. **(schimpfen)**

i) Der Pkw bog rechts ab, ohne zu ________________. **(blinken)**

j) Er winkte uns im ________________ zu. **(vorbeigehen)**

k) Sie kennen sich vom ________________. **(sehen)**

l) Nach einigem ________________ sprang er vom 10-Meter-Brett. **(zögern)**

Aufgabe 75

Verwandle die angegebenen Partizipien in Nomen.

a) In diesem Geschäft finde ich nichts ________________. **(passend)**

b) Das Rätsel ist nur etwas für ________________. **(gebildet)**

c) Es heißt: Die ________________ werden finden. **(suchend)**

d) Meist kann man ________________ nicht mehr zurücknehmen. **(gesagt)**

e) Alle ________________ nach Stuttgart müssen mit Verspätungen rechnen. **(reisend)**

f) Nele isst ________________ nicht so gern. **(gebraten)**

4.4 Anredepronomen

Mit dem Anredepronomen **Sie** sprichst du Fremde und Erwachsene an, die du nicht gut kennst (siezen). Du schreibst es immer groß, egal, ob du es in einem höflichen Brief oder in einer Mail verwendest. Auch das dazugehörige Possessivpronomen **Ihr** mit allen gebeugten Formen (*Ihres*, *Ihren*, *Ihrem*) wird großgeschrieben.

Die Anredepronomen **du** (Singular) und **ihr** (Plural) und alle gebeugten Formen (*dein*, *dir*, *dich*, *euch*, *euer*, *eure*) schreibst du in der Regel klein, nur zu Beginn eines neuen Satzes musst du sie großschreiben.

In Mitteilungen (z.B. in Briefen oder Mails) darfst du das Anredepronomen **du** auch großschreiben (*Du*). Entscheide dich in einem Text aber für eine der beiden Schreibungen und behalte sie den gesamten Text hindurch bei.

Aufgabe 76

Wie werden die Anredepronomen geschrieben, groß oder klein? Trage die richtigen Buchstaben ein.

Tütensuppe

Füllen ______ie den Topf mit einem halben Liter Wasser. Bringen ______ie dieses Wasser zum Kochen. Öffnen ______ie nun die Tüte mit dem Pulver und geben ______ie den Inhalt unter ständigem Umrühren in das Wasser. Achten ______ie darauf, dass das Pulver im Wasser keine Klumpen bildet. Lassen ______ie nun die Suppe bei schwacher Hitze fünf bis sieben Minuten kochen und servieren ______ie die Suppe ______hren Gästen sofort. Lassen auch ______ie sich ______hre Suppe schmecken.

Üben
Testen
Diktate

Aufgabe 77

Vervollständige die Lücken.

Hallo Amina,

wie geht es ______ir? Wie geht es ______einer Familie und ______einen Tieren? Nun ist bald schon ein Monat seit ______urem Umzug vergangen und ______u fehlst mir immer noch sehr. Es ist total langweilig ohne ______ich. Gestern habe ich ______ich angerufen, aber leider warst ______u nicht da. Hast ______u schon neue Freundinnen gefunden? Und wie geht es ______euren Katzen? So gerne würde ich sie streicheln. Lass bald mal etwas von ______ir hören.

Liebe Grüße von Fatma

Aufgabe 78

Füge die passenden Pronomen in die Lücken ein.

Hallo Fatma,

vielen Dank für ________________ Nachricht. Schade, dass ich nicht mit ________________ telefonieren konnte. ________________ fehlst mir auch. Meine neue Klasse ist zwar nett, aber so eine Freundin wie ________________ habe ich noch nicht gefunden. Unseren Katzen geht es gut. Leider haben ________________ hier keinen mehr, der ________________ so verwöhnt wie ________________. Erlauben ________________ Eltern ________________ immer noch keine Haustiere? So, ich bin mit zwei Mädchen aus meiner Klasse fürs Freibad verabredet. Drückst ________________ mir die Daumen, dass wir uns gut verstehen?

Es grüßt ________________ ________________ Amina

5 Getrennt- und Zusammenschreibung

5.1 Verbindungen mit Nomen

Nomen können mit verschiedenen Wortarten zusammengesetzt werden und feste Verbindungen eingehen. Solche Verbindungen schreibst du in der Regel **zusammen**. Folgende Verbindungen mit Nomen sind möglich:

- **Nomen + Nomen (+ Nomen)**
  Fensterbrett, Handpuppenspiel
- **Adjektiv + Nomen**
  Blaulicht, Billigangebot, Heißluft
- **Verb (Verbstamm) + Nomen**
  Laufgitter, Knallfrosch
- **Zahlwort + Nomen**
  Zehnkampf, Vierteljahr
- **Präposition + Nomen**
  Zwischenmahlzeit, Unterschrank

Denke daran, dass du auch zusammengesetzte Nomen mit einem **großen Anfangsbuchstaben** schreiben musst.

Treffen bei einer Wortzusammensetzung **drei gleiche Konsonanten aufeinander**, bleiben alle erhalten:
Sauersto**fff**lasche, Be**ttt**uch

Aufgabe 79

Ordne diese Wörter der richtigen Wortart zu.

schön – lachen – über – billig – zwei – singen – auf – acht

Adjektiv	Verb	Zahlwort	Präposition
______	______	______	______
______	______	______	______

Aufgabe 80

Bilde mithilfe der Beschreibungen zusammengesetzte Nomen.

a) Geschrei der Kinder — *Kindergeschrei*

b) Schuhe für den Sport ______

c) Tor zum Garten ______

d) Bonbon gegen Husten ______

e) Flocken aus Hafer ______

Aufgabe 81

Bilde sinnvolle Wörter, die sich aus drei Nomen zusammensetzen. Schreibe sie auf.

Hand	ball	knacker
Butter	kunst	papier
Zauber	puppen	verein
Fuß	schrank	stück
Geld	brot	spiel

______

______

Üben
Testen
Diktate

Aufgabe 82

Bilde mithilfe der Adjektive zusammengesetzte Nomen.

~~blau~~ – klein – geheim – hoch – weiß – schnell – leer – rot

Licht	*Blaulicht*	Brot	______
Sprache	______	Kind	______
Wasser	______	Gut	______
Straße	______	Stift	______

Aufgabe 83

Die folgenden Nomen sind jeweils aus einem Verb(-Stamm) und einem Nomen zusammengesetzt. Zerlege die Verbindungen in ihre Bestandteile wie im Beispiel.

a) Kaugummi = *kau(en)* + *Gummi*
b) Schutzimpfung = ______ + ______
c) Sprühdose = ______ + ______
d) Knallfrosch = ______ + ______
e) Bohrloch = ______ + ______
f) Laufschuhe = ______ + ______
g) Wanderweg = ______ + ______
h) Nagezahn = ______ + ______
i) Schwimmweste = ______ + ______
j) Fressnapf = ______ + ______

Aufgabe 84

Vervollständige die Lücken. Achte dabei auf die Schreibung der zusammengesetzten Nomen.

a)	eine *Viertelstunde*	= *ein Viertel*	+ *Stunde*
b)	der ______	= zwei	+ Kampf
c)	das ______	= drei	+ Eck
d)	der Zweitwagen	= ______	+ Wagen
e)	ein ______	= ein Viertel	+ Pfund
f)	eine Sechzehntelnote	= sechszehn	+ ______
g)	ein ______	= ein Achtel	+ Liter

Aufgabe 85

Bilde mithilfe der angegebenen Präpositionen zusammengesetzte Nomen.

nach +		**über +**	
Saison	*Nachsaison*	Stunde	______
Sicht	______	Fall	______
Name	______	Sicht	______
Mittag	______	Fluss	______

unter +		**zwischen +**	
Geschoss	______	Zeit	______
Grund	______	Raum	______
Gang	______	Deck	______
Bau	______	Fall	______

5.2 Verbindungen aus Nomen + Verb

1. Verbindungen aus einem Nomen und einem Verb schreibst du in der Regel **getrennt**:
   Auto fahren, Fußball spielen, Zeitung lesen

   Wird diese Wortverbindung als Nomen gebraucht (nominalisiert), schreibst du sie aber zusammen und mit einem großen Anfangsbuchstaben:
   das Autofahren, **beim F**ußballspielen, **beim Z**eitunglesen

2. Es gibt aber auch Wortkombinationen aus Nomen und Verb, die du **zusammen-** und **kleinschreiben** musst:
   eislaufen (= Eis + laufen), **h**andhaben (= Hand + haben)

   Hier ist die **Bedeutung** des Nomens (*Eis* und *Hand*) **verblasst** und die Tätigkeit oder Handlung in den Vordergrund gerückt.

   Weitere Beispiele:
   wehklagen, lobpreisen, preisgeben, schlafwandeln, kopfrechnen, haushalten, stattfinden, teilnehmen

Aufgabe 86

Vervollständige die Lücken mit den vorgegebenen Verbindungen aus einem Nomen und einem Verb.

a) Wir wollen an diesem Wochenende ____________________ **(RADFAHREN)**.

b) Am Abend werden wir in einer Jugendherberge ____________________ **(RASTMACHEN)**.

c) Dort werden wir ____________________ **(RADIOHÖREN)**, um den Wetterbericht zu verfolgen.

d) Es soll dort auch ein großes Fest ____________________ **(STATTFINDEN)**.

e) Daran möchten wir gerne ____________________ **(TEILNEHMEN)**.

Aufgabe 87

Ergänze jeweils zwei Sätze, in denen die angegebenen Verbindungen vorkommen.

a) Fotos schießen ______________________________

____

b) Musik hören ______________________________

____

Aufgabe 88

Bilde mithilfe der folgenden Wörter Verbindungen aus Nomen und Verben.

Schlaf fahren ~~spielen~~ Wäsche trinken waschen Eis laufen Schlange wandeln stehen Preis geben Kakao Auto ~~Klavier~~

Klavierspielen, ______________________________

____

____

____

____

____

Aufgabe 89

Bilde sinnvolle Verbindungen und verwandle sie in Nomen.

laufen Ski Schlitten Eis fahren essen

das/beim ______________________________

das/beim ______________________________

das/beim ______________________________

5.3 Verbindungen aus Verb + Verb

1. Wortverbindungen aus zwei Verben schreibst du **getrennt**:
   laufen lernen, arbeiten kommen, lesen üben
2. Auch Verbindungen mit **bleiben** oder **lassen** als zweitem Bestandteil schreibst du in der Regel **getrennt**. Entsteht aber ein **neuer Begriff**, wird **zusammengeschrieben**:
   sitzen bleiben; aber: sitzenbleiben (= nicht versetzt werden)
   stehen lassen; aber: stehenlassen (= jdn. nicht länger beachten)
   liegen bleiben; aber: liegenbleiben (= unerledigt bleiben)
3. Die Verbindung **kennen** und **lernen** kannst du auseinander- oder auch zusammenschreiben: kennen lernen/kennenlernen

Aufgabe 90

Wie werden die hervorgehobenen Wörter geschrieben, getrennt oder zusammen? Schreibe sie richtig auf.

Straßenfest

Die Kanalstraße feiert in diesem Jahr wieder ein großes Straßenfest. Da werden wir erst spät **SCHLAFENGEHEN**. Auf jeden Fall werde ich mit Anna hingehen, die nicht zu Hause **SITZENBLEIBEN** will. Ich möchte auch nicht daheim **HÄNGENBLEIBEN**, obwohl ich gerade ein spannendes Buch lese. Aber vorher werde ich noch mit Marc **BADENGEHEN**. Deshalb dürfen wir zu Hause unsere Badesachen nicht **STEHENLASSEN**. Anna meint allerdings, wir werden heute wegen der vielen Leute am See keinen Platz finden und mit unserem Vorhaben **BADENGEHEN**.
Anna will sich bis zum Fest auch nicht **GEHENLASSEN** und im Park **SPAZIERENGEHEN**. Alle treffen wir uns dann auf dem Fest und werden uns einen Döner **SCHMECKENLASSEN**. Wir werden bestimmt auch Lose kaufen und **SPIELENGEHEN**. Wer krank ist, muss aber leider im Bett **LIEGENBLEIBEN**.

5.4 Verbindungen aus Adjektiv + Verb

1. Eine Verbindung aus Adjektiv und Verb schreibst du **getrennt**, wenn das Adjektiv die Umstände näher erläutert und beide Wörter ihre Bedeutung behalten. Das Adjektiv kann in diesen Fällen meist sinnvoll gesteigert werden:
   laut rufen, schnell gehen, schön singen
   lauter rufen, schneller gehen, am schönsten singen
2. Du musst die Verbindung **zusammenschreiben**, wenn Adjektiv und Verb zusammen eine neue Bedeutung bilden. In diesen Fällen kann das Adjektiv meist nicht sinnvoll gesteigert werden:
   krankschreiben (= den Krankenstand feststellen)
   freisprechen (= den Angeklagten nicht bestrafen)
   kaltstellen (= jemanden politisch ausschalten)
3. **Getrennt** oder **zusammenschreiben** kannst du die Verbindung, wenn das Adjektiv ein Ergebnis des Vorgangs bezeichnet:
   blank putzen/blankputzen
   klein schneiden/kleinschneiden

Aufgabe 91

Vervollständige die Sätze sinnvoll. Entscheide, ob du getrennt oder zusammenschreiben musst.

sicher gehen/sichergehen

Daniel wollte ______________________, dass alles klappt.

Auf dem holprigen Boden konnte ich nicht ______________________.

schwer fallen/schwerfallen.

Auf dieser gefährlichen Treppe kann man ______________________.

Diese Übungen werden dir nicht ______________________.

Üben

Testen

Diktate

Aufgabe 92

Bilde mithilfe der vorgegebenen Adjektive und Verben sinnvolle Verbindungen und trage sie richtig geschrieben in die Lücken ein.

gehen ~~schön~~ rein fahren stellen waschen schief kaputt leicht schwarz gehen machen schlecht sprechen ~~singen~~ fallen schreiben machen groß langsam setzen kalt schief schachmatt

a) Maja kann *schön singen*.

b) Teure Vasen sollte man nicht ____________________.

c) Den Berg hinaufzusteigen, wird dir ____________________.

d) Du darfst in der Straßenbahn nicht ____________________.

e) Bei deinem Vortag musst du ____________________.

f) Bei 37° im Schatten musst du die Limonade unbedingt ____________________.

g) Das neue Waschmittel soll die Wäsche durch und durch ____________________.

h) Warum nur muss er andere immer so ____________________.

i) Ben wird dich heute beim Spiel vielleicht ____________________.

j) Am Satzanfang musst du ____________________.

k) Du sollst doch nicht immer so ____________________.

l) Das wird schon ____________________.

5.5 Worttrennung am Zeilenende

1. Zusammengesetzte Wörter kannst du am Zeilenende immer in der **Wortfuge** trennen:
   Spiel-zeug, Fuß-ball-spiel, Über-fall

2. Meistens trennst du ein Wort so, wie es sich beim langsamen Sprechen in **Silben** zerlegen lässt. Beachte dabei die folgenden Regeln:

   - Steht in einem einfachen Wort zwischen zwei Vokalen ein einfacher Konsonant (Mitlaut), so kommt er bei der Trennung auf die neue Zeile:
     Blu-**m**e, Vo-**g**el, Na-**m**e
   - Stehen in einem einfachen Wort zwischen den Vokalen mehrere Konsonanten, so kommt nur der letzte Mitlaut auf die neue Zeile. Das gilt auch für die Verbindung *st*:
     Hil-**f**e, Grup-**p**e, Bett-**t**uch, Knos-**p**e, knöp-**f**en, Kas-**t**en
   - Die Konsonantenverbindungen *ch*, *sch*, *ck* und *ph*, *rh*, *sh*, *th* in Fremdwörtern kannst du nicht trennen:
     Ta-**sch**e, Sa-**ch**e, Brü-**ck**e, Lü-**ck**e, Apo-**th**eke
   - Einen einzelnen Vokal am Wortanfang oder -ende darfst du nicht abtrennen. Das gilt auch bei Zusammensetzungen:
     Ofen, **U**fer, Ju-li-**a**bend, Bi**o**-müll
   - Vermeide missverständliche Trennungen:
     Druckerzeugnis: statt *Drucker-zeugnis* besser *Druck-erzeugnis*
   - Manche Wörter haben zwei Trennmöglichkeiten:
     dar-um, da-rum; hin-auf, hi-nauf

Aufgabe 93

Ergänze die fehlenden Silben.

a) warme Sommernäch__________
b) fri__________ Obst
c) die Schultasche pa__________
d) ein Bü__________regal
e) ein Foto schie__________
f) pünkt__________ sein
g) Fens__________putzer
h) ein Mes__________ schär__________

Aufgabe 94

Trenne die hervorgehobenen Wörter am Zeilenende und schreibe deine Lösungen auf. Wenn ein Wort an mehreren Stellen getrennt werden kann, gib nur eine der Möglichkeiten an.

Du Glücklicher!

Flirtplanet Venus wandert in der ersten **Monatshälfte**
durch dein Sternzeichen. Er wird dir in der Liebe **deshalb**
mehr Glück schenken als allen anderen. Aber **Vorsicht**,
schenke nicht jeder sofort dein Vertrauen, sondern **prüfe**
erst, ob sie es wirklich ernst meint. Auch in Sachen **Schule**
kannst du in diesem Monat Gas geben und dir viele **Erfolge**
sichern. Bleib dran, dann sehen deine nächsten **Zeugnisnoten**
sehr zufriedenstellend aus. In den nächsten Wochen **solltest**
du aber bei solchen Höchstleistungen deine **Gesundheit**
nicht vergessen. Treibe regelmäßig Sport, dann **vertreibst**
du auch jeden noch so kleinen Infekt.

Monats-hälfte __________
__________ __________
__________ __________
__________ __________
__________ __________

Aufgabe 95

An welchen Stellen können die hervorgehobenen Wörter getrennt werden? Gib alle Möglichkeiten an. (Wenn ein Wort nicht getrennt werden kann, schreibe es ohne Bindestrich auf.)

Sei mal **ehrlich**, wer nimmt Horoskope wirklich ernst? Du etwa? Du willst mir doch nicht **erzählen**, dass du dich genau danach richtest, was die Sterne **anscheinend flüstern**. Jetzt **überlege** doch mal, wie viele andere **Leute** noch dein **Sternzeichen** haben. Dann müssten die ja **alle** die gleichen **Erlebnisse** und **Erfahrungen** machen. Ich **verlasse** mich da lieber auf meinen **Verstand** und meine **Klugheit**. Ich weiß schon selbst, ob ich auf meine **Gesundheit achten** muss **oder** mehr für die Schule tun sollte. Und in **Sachen** Liebe brauche ich gar keine **Ratschläge**. Das klappt auch so. Das sagt man **Schützen** auch **meistens** nach, wusstest du das?

ehr-lich, ______________________________

____

____

____

____

Aufgabe 96

Die folgenden Wörter kannst du an zwei Stellen trennen. Schreibe beide Möglichkeiten auf.

heran: ______________ ______________

darauf: ______________ ______________

warum: ______________ ______________

6 Satzschlusszeichen und wörtliche Rede

6.1 Punkt, Ausrufe- und Fragezeichen

Du beginnst einen Satz mit einem großen Buchstaben und schließt ihn mit einem Satzschlusszeichen. Es gibt drei Satzschlusszeichen.

1. Der **Punkt** schließt eine Aussage:
   Es regnet. / Er kommt morgen.
2. Das **Fragezeichen** steht nach einer direkten Frage:
   Kommst du heute Mittag?
3. Das **Ausrufezeichen** steht nach Ausrufe-, Wunsch- und Aufforderungssätzen.
   Schade! (Ausrufesatz)
   Hoffentlich scheint bald die Sonne! (Wunschsatz)
   Beeile dich bitte! (Aufforderungssatz)

Aufgabe 97

Markiere die Satzenden durch einen Punkt.

Matti geht heute nicht zur Schule Er liegt krank im Bett Seit gestern Abend hat Matti Fieber Vielleicht hat er die Grippe, die einige Kinder aus seiner Klasse in der letzten Woche hatten Matti langweilt sich Wenn man krank ist, kann man weder lesen noch fernsehen, da man Kopfschmerzen hat Matti schläft viel und hofft, dass er bald wieder gesund ist

Aufgabe 98

Füge das passende Satzzeichen ein und bestimme die Satzart.

a) Wann kommt endlich der Schulbus ______ (________________________)

b) Was für ein Tag ______ (________________________)

c) Hat es schon zum Unterricht geläutet ______ (________________________)

d) Morgen fällt Bio aus ______ (________________________)

Aufgabe 99

Markiere die Wortgrenzen und schreibe jeden Satz in der richtigen Satzstellung auf. Überlege, um welche Satzart es sich jeweils handelt, und setze das richtige Satzschlusszeichen.

a) *leckere | eine | für | maus | was*

Was für eine leckere Maus!

b) v i e l e l i s p e l n w a r u m s c h l a n g e n

____

c) n i c h t b e i n e s c h l a n g e n k ö n n e n d i e e i n s c h l a f e n

____

d) a n d i c h g e f ä l l i g s t s t e l l h i n t e n

____

e) z u n g e s p r e c h e m i t i c h g e s p a l t e n e r

____

f) d i e g e b i s s e n m i r h a b e a u f a u t s c h i c h z u n g e

____

g) k l a p p e r n d e i n e m a l h ö r e n l a s s

____

6.2 Die Zeichensetzung bei der wörtlichen Rede

Die wörtliche (direkte) Rede wird durch **Anführungszeichen** gekennzeichnet. Am Anfang der Rede stehen sie unten, am Ende oben:
Der Lehrer sagt: „Morgen ist schulfrei."

Oft steht die wörtliche Rede zusammen mit Begleitsätzen, aus denen hervorgeht, wer etwas zu wem sagt. Die **Redebegleitsätze** können an unterschiedlichen Stellen eingefügt werden.

1. Der Begleitsatz ist **vorangestellt**. Nach dem Begleitsatz steht ein Doppelpunkt:
   Der Lehrer sagt: „Morgen ist schulfrei."
2. Der Begleitsatz ist **nachgestellt**. Dabei wird der Begleitsatz durch ein Komma abgetrennt. Handelt es sich bei der wörtlichen Rede um einen Aussagesatz, entfällt der Punkt.
   „Morgen ist schulfrei", sagt der Lehrer.

   Handelt es sich bei der wörtlichen Rede um Ausrufe oder Fragen, musst du die entsprechenden Satzschlusszeichen mitschreiben und zusätzlich ein Komma setzen:
   „Morgen ist schulfrei!", sagt der Lehrer.
   „Haben wir morgen schulfrei?", fragt Lena.
3. Der Begleitsatz ist **eingeschoben**. Dabei wird der Begleitsatz vorn und hinten durch ein Komma abgetrennt.
   „Morgen", sagt der Lehrer, „ist schulfrei."

Aufgabe 100

In diesem Text fehlen die Zeichen für die wörtliche Rede. Kennzeichne sie selbst, indem du die Aussagen der wörtlichen Rede unterstreichst.

Die Luft in dem Tunnel roch modrig. Bist du sicher, dass wir hier richtig sind? fragte ich Juliane. Ich denke schon, gab sie zurück. Siehst du da vorne den schwachen Lichtschein? Nein, entgegnete ich.

Ich sehe nichts. Außerdem ist mir kalt. Plötzlich streifte etwas mein Gesicht. Verdammt, schrie ich, Fledermäuse gibt's hier auch! Schau doch genau hin, da vorne ist Tageslicht, beruhigte mich Juliane. Wir haben es gleich geschafft.

Aufgabe 101

Ergänze die Zeichen für die wörtliche Rede.

a) Zoé sagt: Ich möchte auf jeden Fall beim Schüleraustausch mitmachen.

b) Maria wundert sich: Ich dachte, du traust dich nicht, allein in einem fremden Land zu sein.

c) Zoé erwidert: Das stimmt schon. Ich hatte immer Angst vor der fremden Sprache.

d) Seitdem ich aber im Sommer mit der Jugendfreizeit in England war, erklärt Zoé, traue ich mir das zu. Mein Englisch ist gar nicht so schlecht.

e) Außerdem kannst du ja auch noch mit Händen oder Füßen reden, antwortet Maria.

Aufgabe 102

Ergänze die fehlenden Zeichen der wörtlichen Rede.

______ Wohin fliegen wir eigentlich ______ fragt Tom.

Bill antwortet souverän ______ Zur Sonne."

„Spinnst du? Die ist doch viel zu heiß! ______ protestiert Tom verängstigt.

„Klar, aber nur tagsüber ______ beruhigt ihn Bill, „deshalb fliegen wir nachts."

Aufgabe 103

Schreibe diese Sätze so um, dass die Redebegleitsätze zwischen der wörtlichen Rede stehen.

a) Frau Özgül fragt ihre Schüler: „Welche Ziele für unsere Klassenfahrt schlagt ihr vor, wenn wir im Oktober fahren?"

____

____

b) Ariane äußert: „Ich bin für London, denn da können wir gleich unser Englisch verbessern."

____

____

c) Tim schlägt vor: „Italien wäre perfekt, denn dort ist es im Herbst noch schön warm."

____

____

7 Das Komma

7.1 Das Komma bei Aufzählungen

1. Aufzählungen **gleichrangiger Wörter** und **Satzteile** musst du durch **Kommas** voneinander trennen:
   Maria liebt kleine, süße Trauben.
   Er kaufte Brot, Eier, Zucker, Quark.
   Sie rannten, tobten, schrien.

   Aber: Wenn Aufzählungen mit den **Konjunktionen** *und*, *oder*, *sowie* verbunden werden, steht vor der Konjunktion **kein Komma**:
   Er kaufte Brot, Eier, Zucker, Quark **und** Milch
   Sie rannten, tobten, schrien **und** liefen durcheinander.

2. Bei Aufzählungen **gleichrangiger Wortgruppen** steht ein **Komma**:
   Es vergingen Stunden und Tage, Wochen und Monate.

Beachte bei **Aufzählungen** von **Adjektiven**: Um herauszufinden, ob Adjektive gleichrangig sind und du ein Komma setzen musst, hilft dir der folgende Trick: Ergänze ein *und* zwischen den Adjektiven. Macht der ergänzte Satz Sinn, sind die Adjektive gleichrangig und du musst ein Komma setzen:
Maria liebt kleine **und** süße Trauben. / Maria liebt kleine, süße Trauben.

Aber: *Maria kauft neue und karierte Hefte.* Hier ergibt die Ergänzung keinen sinnvollen Satz, denn die Hefte sind nicht neu und kariert, sondern es handelt sich um karierte Hefte, die neu sind. Es steht darum kein Komma zwischen den Adjektiven und du schreibst also:
Maria kauft **neue karierte** Hefte.

Aufgabe 104

Ergänze die fehlenden Kommas

a) Im italienischen Restaurant gibt es Spaghetti Lasagne Fusilli und Tortellini.

b) Auf der Speisekarte stehen leckeres Gyros gegrillter Fisch sowie würziges Zaziki.

c) Wiener Schnitzel oder Paprikaschnitzel – mir schmeckt beides!

d) Möchtest du heute Broccoli Möhren oder Erbsen zu Mittag essen?

Aufgabe 105

An welchen Stellen fehlen Kommas? Trage sie ein.

a) In den Ferien werden wir jeden Tag ausschlafen radeln wandern und schwimmen gehen.

b) Hunde Katzen Pferde Delfine gehören zu den Säugetieren.

c) In der Jugendpension trafen wir viele Briten und Franzosen Schweden Dänen und Norweger.

d) Alle halfen bei den Vorbereitungen für unser großes Schulfest: Schüler Lehrer Eltern.

Aufgabe 106

An welchen Stellen müssen Kommas stehen? Ergänze sie.

a) Möchtest du rote weiße oder blaue Trauben essen? An diesem Stand gibt es besonders knackige weiße Trauben.

b) Jenny hat immer weißen grünen roten und schwarzen Tee im Küchenschrank. Heute gibt es einen schmackhaften schwarzen Tee.

7.2 Das Komma in Satzreihen und Satzgefügen

Das Komma in Satzreihen

1. **Mehrere** aneinandergereihte **Hauptsätze** bilden eine **Satzreihe**. Oft werden die Sätze durch nebenordnende **Konjunktionen** (*denn, aber, doch* ...) miteinander verbunden; mitunter entfallen die Konjunktionen aber auch. Hauptsätze in einer Satzreihe musst du durch **Kommas** voneinander **trennen**:
   Ich wäre gern zu deiner Party gekommen**,** **doch** ich hatte keine Zeit.
   Die Musik ertönte**,** der Vorhang hob sich**,** das Spiel begann.

2. Bei der Verbindung mehrerer Hauptsätze mit den Konjunktionen *und, oder, sowie, beziehungsweise, entweder – oder, weder – noch, sowohl – als auch* muss du kein Komma setzen. Du kannst aber ein Komma setzen, wenn du die Gliederung des Satzes deutlich machen möchtest:
   Ich fotografiere die hohen Berge **(,)** **und** Klara liegt in der Sonne.

Einen **Hauptsatz** erkennst du daran, dass er in der Regel mindestens aus einem **Subjekt** (Satzgegenstand) und einem **Prädikat** (Satzaussage) besteht und sinnvoll **allein** stehen kann.

Das Komma in Satzgefügen

Werden **Haupt- und Nebensätze** miteinander verbunden, spricht man von **Satzgefügen**. Hauptsätze und Nebensätze werden in Satzgefügen durch Komma voneinander getrennt. Dabei kann der Nebensatz nachgestellt, vorangestellt oder eingeschoben sein:
Er kam zu spät**,** *weil es regnete.* (*nachgestellt*)
*Nachdem wir gefrühstückt hatten***,** brachen wir auf. (*vorangestellt*)
Der Salat**,** *den Nelly zubereitet hatte***,** schmeckte gut. (*eingeschoben*)

Einen **Nebensatz erkennst** du daran, dass er **allein keinen Sinn** ergibt und die Personalform des Verbs immer am **Ende** steht. Oft werden Nebensätze durch unterordnende Konjunktionen (*da, weil, obwohl, trotzdem, als, seit, sobald, wenn, umso, damit, sodass, dass* ...), dem Fragewort *wo* oder Relativpronomen (*der, die, das, welcher, welche, welches, wer, was*) eingeleitet.

Aufgabe 107

Der folgende Text besteht aus vielen Hauptsätzen. Finde heraus, wo die einzelnen Sätze enden und schreibe sie auf. Beginne jeden Satz mit einem großen Buchstaben und schließe ihn mit einem Punkt.

konstanze schlenderte unachtsam den Gehweg entlang da stolperte sie auch schon über einen Gegenstand sie fiel und verletzte sich der Krankenwagen kam er brachte sie in das nächstgelegene Krankenhaus dort wurde sie behandelt

______

______

______

______

______

______

Aufgabe 108

Ergänze in diesen Satzreihen die fehlenden Kommas. Setze Kommas, die nicht unbedingt stehen müssen, in Klammern (,).

a) Anja spielt Flöte Johannes spielt Klavier.

b) Alle werden leiser der Unterricht beginnt.

c) Wollt ihr ein Eis essen oder möchtet ihr lieber eine Limo trinken?

d) Ole läuft so schnell er kann doch der Bus ist schon weg.

e) Sonja zieht sich warm an denn sie geht nach draußen.

f) Petra macht Hausaufgaben Pia ist schon damit fertig.

g) Marc liest ein Buch sein Bruder hört Musik.

h) Entweder radeln wir am Wochenende oder wir gehen zum Badesee.

i) Wiebke kennt sich in Stuttgart nicht aus denn sie kommt aus Hamburg.

Aufgabe 109

Unterstreiche die Nebensätze und markiere zusätzlich die Konjunktionen und Pronomen, die sie einleiten.

a) Im Sommer ist es heiß, sodass viele Menschen schwimmen gehen.

b) Weil das Wetter so schön ist, gehen viele Menschen schwimmen.

c) Obwohl es regnet, sind heute viele Menschen draußen.

d) Es regnet, sodass die meisten Menschen nach Hause gehen.

e) Es ist der Regen, der die Menschen nach Hause treibt.

Aufgabe 110

Ergänze jeden Hauptsatz um einen Nebensatz.

a) Julia beeilt sich, damit ______________________________.

(sie will nicht zu spät kommen)

b) Johanna räumt auf, obwohl ______________________________.

(sie hat keine Lust)

c) Frederik hofft, dass ______________________________.

(er will das Spiel gewinnen)

Aufgabe 111

Bilde mithilfe der Vorgaben einen sinnvollen Satz nach dem abgegebenen Muster. Denke auch an die Kommas.

Hauptsatz, Nebensatz

keine / Lust hat / sie / zum Training / Kerstin geht / obwohl

____

____.

Aufgabe 112

Gliedere die Sätze, indem du die Kommas an die richtigen Stellen setzt.

a) Tina ruft Jens an damit er ihr bei den Hausaufgaben hilft.

b) Thorsten hofft dass morgen endlich das Paket ankommt.

c) Christopher spielt Saxofon als es an der Tür klingelt.

d) Weil das Saxofon so laut ist hört Christopher die Klingel nicht.

Aufgabe 113

Ergänze die fehlenden Kommas.

a) Peter kommt da es ihm zu heiß ist erst später zur Grillparty.

b) Der Ballon der bunte Reklame trägt gewinnt an Höhe.

c) Das Auto das gestern eine Panne hatte wird heute repariert.

d) Josefine ruft damit es auch ja alle hören laut aus dem Fenster.

Aufgabe 114

Bilde aus den vorgegebenen Satzfetzen jeweils einen sinnvollen Satz nach dem angegebenen Muster. Denke an die Kommas.

Nebensatz, Hauptsatz

Da er / Kai / spielen will / in einer Band / Schlagzeug / lernt

____

____.

Hauptsatz, Nebensatz, Hauptsatz

fahren / Paul / obwohl / gut Skateboard / übt / kann / er wenig

____

____.

7.3 Das Komma bei Anreden und Ausrufen

Anreden trennst du mit **Kommas** vom übrigen Satz ab. Anreden können am Satzanfang oder am Satzende stehen. Sie können auch in einen Satz eingeschoben werden; dann musst du vor und nach der Anrede ein Komma setzen:
Lieber Max, hab vielen Dank für deine Nachricht.
Ich wünsche Ihnen einen schönen Tag, Herr Winterberg.
Du kannst dir nicht vorstellen, Ben, wie lecker das Eis hier schmeckt.

Ausrufe (Interjektionen) trennst du vom übrigen Satz durch **Kommas** ab. Du kannst nach dem Ausruf auch ein Ausrufezeichen setzen. Danach schreibst du mit einem großen Anfangsbuchstaben weiter:
Igitt, ist das eklig!
Autsch! Das hat wehgetan. (*Oder*: Autsch, das hat wehgetan!)

Aufgabe 115

Ergänze bei den folgenden Anreden die Kommas.

a) Kinder hört doch mal zu. Hört doch mal zu Kinder

b) Du stell dir vor, was mir passiert ist!

c) Für heute sende ich dir lieber Benni schöne Grüße.

d) Tanja kannst du bitte mal kommen?

Aufgabe 116

Ergänze bei den folgenden Ausrufen die Kommas.

a) Oh da bin ich aber gespannt!

b) Auweia wenn das jemand merkt!

c) Ach das ist aber schön!

d) Juhu endlich Ferien!

Üben

Testen

Diktate

1 Vokale

Test 1

Welche Wörter mit einem langen Vokal werden hier gesucht? Trage die fehlenden Buchstaben ein.

a) Diesen Ort besuchst du viele Tage im Jahr Sch________________

b) Ein berühmter Musiker oder Schauspieler ist ein St________________

c) Es begrenzt eine Wasserfläche ________________er

d) Ein anderes Wort für „schnell fahren" r________________

e) Nicht Hemd, sondern ________________e

f) Wenn du dich jemandem vorstellst, nennst du deinen ________________en

Test 2

a) In 12 der folgenden Wörter fehlt das *h*. Unterstreiche diese Wörter und schreibe sie dann richtig auf.

Das kann nicht war sein. Alle meine Schue steen im Wonzimmer. Ich neme mal an, dass das mein kleiner Bruder war. Er sitzt nämlich daneben, stralt wie ein Honigkuchenpferd und patscht auf die Schusolen. Ich stöne, denn das bedeutet wieder mer Arbeit für mich, nicht für in. Und das, obwol ich dringend mit dem nächsten Bus faren muss, damit ich pünktlich ins Karate-Training komme.

wahr, ____

____

____

b) Bei welchem dieser Wörter handelt es sich nicht um ein Dehnungs-*h*, sondern um ein silbentrennendes *h*? Schreibe es richtig getrennt auf.

Silbentrennendes *h*: ________________-________________

Test 3

Schreibe die passenden Doppelvokale in die Lücken.

Es war ein wunderschöner Frühlingstag. Ihr langes H______r flatterte im Wind und sie hatte eine wunderbare Id______. Sie würde an den romantischen S______ fahren, sich ein weiches Plätzchen im M______s suchen, heißen T______ aus der Thermoskanne trinken und ihre S______le baumeln lassen. Dann würde sie ein Kl______blatt finden und später würde ein mutiger Ritter mit einem großen H______r sie entdecken. Er würde ihr eine rote B______re in die H______re stecken, sie mit auf sein Schloss nehmen und im Balls______l ein rauschendes Fest feiern. Und wenn sie vor lauter Kitsch nicht gestorben sind, dann leben sie noch heute als wunderglückliches P______r zusammen.

Test 4

Füge *ie*, *i* oder *ih* ein.

Fabian l______bt Mus______k. Am l______bsten singt er selbst in seiner Band. S______ hatten sogar schon mehrere Auftritte: auf einer Feier bei ______nen im Dorf, bei dem v______rzigjährigen D______nstjubiläum seines Onkels und beim Sommerfest an ______rer Schule. W______ v______le Mus______ker träumen auch s______ von der großen Karriere und Fabian g______bt alles dafür. Er kompon______rt manche L______der sogar selbst und seine Melod______n kommen bei v______len Leuten gut an, v______lleicht, eines Tages, auch bei einer Casting-Show im Fernsehen.

Test 5

Füge die fehlenden Konsonanten oder kurzen Vokale ein.

a) Kerstin spielt gerne Ha______ball.

b) Max ko______t am liebsten für seine g______nze Familie.

c) Anna liebt tiefrote So______enu______ergänge.

d) Paul schaukelt i______er mit seinem Stuhl.

e) Hanna m______chte mit ihren Freundi______en verreisen.

f) Joha______a ka______ mit den Ohren wa______eln.

g) Emil besi______t einen H______mster.

h) Verena k______nn rückwärts spre______en.

i) Vane______a b______ckt Pi______a.

j) Conni weiß mehr als a______e anderen.

Test 6

Wenn du die Wörter sinnvoll zusammensetzt, entstehen Begriffe mit drei gleichen Konsonanten. Schreibe sie auf.

Fett – legen – Station – Schluss – Nessel – Schiff – Tropfen – Mess – Strich – Szene – Fahrt – still – Brenn – Schluss

____

____

____

____

____

____

2 *s*-Laute

Test 7

Verbessere in jedem Satz das Wort mit dem falsch geschriebenen *s*-Laut.

a) Noch etwas unsicher spielte sie auf ihrem Mußikinstrument vor.

____

b) Nach dem verpatzten Auftritt fliesen Annas Tränen in Strömen.

____

c) Sie wird nie wieder auf ihrer Trompete blaßen.

____

d) Diese rießige Konzerthalle war einfach eine Nummer zu groß für sie.

____

e) Auserdem war es furchtbar heiß da drin.

____

f) Sie hatte doch so auf einen Preiß gehofft.

____

Test 8

Forme die Verben in verwandte Nomen um. Achte dabei auf die Schreibung des *s*-Lautes.

a)	grü_____en	Gru_____	d) fa_____en	Fa_____
b)	schlie_____en	Schlu_____	e) bei_____en	Bi_____
c)	rei_____en	Ri_____	f) me_____en	Ma_____

Test 9

Fülle die Lücken der Tabelle aus.

	Infinitiv	Präsens	Präteritum	Nomen
a)	essen		ich aß	das Essen
b)		wir gießen		
c)		er		der Biss
d)	interessieren	ich		
e)			es fraß	

Test 10

Wie musst du den stimmlosen *s*-Laut schreiben, mit *ss* oder mit *ß*? Trage die richtigen Buchstaben ein.

Mein Freund ist für mich nicht wei______, nicht schwarz, nicht rot, nicht gelb. Er ist einfach mein Freund. Er sieht ziemlich sü______ aus, ist ein bi______chen schüchtern, total flei______ig in der Schule und lä______t nie zu, dass jemand ungerecht behandelt wird. Und trotzdem pa______iert es ihm immer wieder, dass Menschen auf der Stra______e mit dem Finger auf ihn zeigen und einen gro______en Bogen um ihn machen. Dann versucht er, in der Ma______e unterzutauchen. Manchmal kann es auch pa______ieren, dass Leute einfach ungefragt in seine Haare fa______en und ma______los vor Entzücken kreischen. Soll er sie la______en oder dafür ha______en?

Test 11

Welche Vor- oder Nachsilben gehören zu den Wörtern? Setze *miss-* oder *-nis* in der richtigen Form und Schreibung ein.

a) ein tolles Ferienerleb______

b) ein ______mutiges Gesicht

c) wegen des Geständ______

d) eine ______liche Lage

e) viele Hinder______

f) ein ______verständ______

Test 12

Setze *das* oder *dass* in die Lücken ein.

a) Ich möchte _________ Buch aus dem Regal.

b) Ich glaube, _________ es heute noch regnen wird.

c) Ich möchte ein Land entdecken, _________ noch völlig unbekannt ist.

d) Ich freue mich, _________ heute Besuch kommt.

e) Ich kann _________ nicht leiden.

f) Möchtest du _________ wirklich probieren?

g) Glaubst du, _________ wir den Bus noch rechtzeitig erreichen?

h) Kannst du mir ein Buch empfehlen, _________ ich noch nicht gelesen habe?

i) _________ macht Spaß.

3 Gleich und ähnlich klingende Laute

Test 13

In jedem dieser Sätze ist ein Wort falsch geschrieben. Finde die Wörter und schreibe sie richtig auf.

a) *Die Kerze aus Wax wächst nicht.* ________________________

b) *Das Wetter ist heute weckselhaft.* ________________________

c) *Tina hat sich mit Farbe beklext.* ________________________

d) *Kerstins Vater fährt Taksi.* ________________________

Test 14

Finde die passenden Lösungswörter für die Rätsel. Alle haben etwas mit den Buchstaben *x*, *chs*, *ks* zu tun.

a) Mit diesem Gerät kann man sich schnell Nachrichten schicken:

F________________________

b) Vor allem Jäger nennen ihr Gewehr manchmal so:

B________________________

c) Der jagt gerne Gänse und Hasen:

F________________________

d) Das tun wir Menschen, bis wir ungefähr 18 Jahre alt sind:

w________________________

e) In diesem Buch findest du Antworten auf viele Fragen:

L________________________

f) An einem solchen Tag geht nichts schief:

Gl________________________

Test 15

Überlege, mit welchem Konsonanten diese Wortpaare geschrieben werden müssen. Trage die Buchstaben in die Lücken ein.

a) tä______lich	Ta______e
b) Blumenbee______	Bee______e
c) Zauberst a______	Stä______e
d) Pfa______	Pfa______e
e) Spu______	spu______ig
f) Hu______konzert	hu______en

Test 16

Finde heraus, welche Wörter in diesen Sätzen falsch geschrieben sind. Schreibe sie richtig auf.

a) Gip mir doch bitte mal dein Taschenmesser.

____

b) Heute Abent wollen wir im Garten grillen.

____

c) Ihre Lieplingsfarben sind gelb und rod.

____

d) Das Bilt hat Jacob im Siepdruckverfahren hergestellt.

____

e) Am 14. April 1912 kollidierte die Titanic mit einem Eisberk.

____

Test 17

Trage entweder *-ig* oder *-ich* in die Lücken ein.

Sandy und Bill waren glückl______. Der Oktober ging auf sein Ende zu und das bedeutete, die Zeiten wurden wieder grusel______. Eifr______ besorgten die beiden Geschwister Dekorationszeug, Verkleidungen und Süß______keiten. Schließl______ sollte Halloween genauso gefeiert werden wie in Amerika. Erst kürzl______ hatten sie ihre Großeltern dort besucht und richt______ viel über den Brauch aus Irland erfahren. Obwohl viele das hier in ihrem kleinen, ruh______en Dorf nerv______ finden – ein______e finden es auch zieml______ unchristl______ – werden Sandy und Bill am 31. Oktober kräft______ „Süßes oder Saures" rufen.

Test 18

Füge *e* oder *ä* ein.

G______nse fr______ssen Gr______ser und Samen. Bei uns leben viele Graug______nse. Sie haben h______lle Flügel und schwarze Fl______cken am Bauch. Im H______rbst fliegen sie in den Süden. Dort ist ______s w______rmer als bei uns.

Test 19

Finde Wörter mit entgegengesetzter Bedeutung.

a) jünger ↔ ______lter

b) schnell ↔ tr______ge

c) Sonne ↔ R______gen

d) Freude ↔ ______rger

Test 20

Schau dir diese Wortpaare genau an. Welches der Wörter ist jeweils falsch geschrieben? Streiche es durch.

a) freundlich fräundlich
b) Kreuter Kräuter
c) Häuptling Heuptling
d) läuten leuten

Test 21

Löse die Rätsel und füge *eu* oder *äu* ein.

a) Vögel, die zu den Eulen gehören K______ze
b) Der Handwerker braucht es Werkz______g
c) Ein größeres Bauwerk nennt man auch Geb______de
d) Hier überschneiden sich mehrere Wege Kr______zung
e) Wenn es brennt, kommt die F______erwehr
f) Manchmal sind Pflanzen voller L______se

Test 22

Füge *ai* oder *ei* ein und verbinde die passenden Satzhälften miteinander.

1 Manche H______e
2 M______ne Gitarre
3 In m______nem Buch habe ich
4 B______m Bäcker kaufe ich
5 Der K______ser hat

A fünf S______ten gelesen.
B einen L______b Brot.
C legen ______er.
D neue Kl______der.
E hat sechs S______ten.

4 Groß- und Kleinschreibung

Test 23

Finde die Nomen, die in diesem Text falsch geschrieben sind. Schreibe sie verbessert auf.

Kennst du etwa keine seifenopern? Dann liegt es nicht daran, dass du noch nie in einer oper warst, sondern daran, dass du keinen fernseher hast – oder keine hausfrau bist. Warum hausfrau? Na, weil die seifenopern, manche sagen auch daily soaps, eigentlich für hausfrauen in den Vereinigten staaten gedreht worden sind. Ursprünglich waren sie im radio zu hören, dann kamen sie ins Fernsehen. Die idee dazu hatten waschmittelfirmen, denn sie wollten damit für ihre seifen werben.

Um 1950 starteten die ersten seifenopern in den USA. Sie liefen vor allem vormittags. Weil die hausfrauen neben dem Fernsehen ihre hausarbeit erledigten, drehte man endlosserien, die der unterhaltung dienten und in die man auch nach einer verpassten sendung wieder leicht einsteigen konnte. Und zwischen den serien lief dann eben – seifenwerbung.

____

____

____

Test 24

Vervollständige jede Wörterreihe mit einem passenden nominalisierten Partizip.

a) enttäuschen	enttäuschend	viel	__________
b) frieren	gefroren	etwas	__________
c) sagen	gesagt	das	__________

Test 25

Wie werden die Adjektive und Verben in diesem Text geschrieben? Trage den richtigen Buchstaben ein.

Seit einiger Zeit trägt Arne nur noch seine S/s______chwarze Lederjacke, die sein Bruder ihm vererbt hat. Dazu hat er sich S/s______pitze Cowboystiefel gekauft und sich ein cooles G/g______rinsen zugelegt. Er denkt wohl, mit seiner Aufmachung sei er etwas B/b______esonderes. Dabei sieht die Lederjacke vom vielen T/t______ragen schon sehr schäbig aus, ganz zu schweigen von den Schuhen. So etwas H/h______ässliches gibt es nicht noch mal. Arne interessiert es aber nicht, was die Leute D/d______enken und das L/l______ästern seiner Kumpels ist ihm egal. Geschmackssache, sagt er nur.

Test 26

Vervollständige die Lücken. Schreibe die Pronomen, wo es möglich ist, klein.

a) Liebe Eltern,

______ir möchten ______ie herzlich zu ______nserem diesjährigen Sommerfest einladen.

b) Lass bald wieder von ______ir hören!

Es grüßt ______ich

______ein Florian

5 Getrennt- und Zusammenschreibung

Test 27

Bilde mithilfe dieser Wörter sechs zusammengesetzte Nomen. Schreibe die neuen Wörter auf die Linien.

Tag – Sonne – Hose – Bad – Salz – Sommer – Bad – Brand – Tasche – Freibad – Wetter – Wasser

Sommer ____________________ ____________________

____________________ ____________________

____________________ ____________________

Test 28

Überlege, welche Verben in diesen zusammengesetzten Nomen stecken, und schreibe sie in ihrer Grundform (Infinitiv) auf.

a) Wischmopp ____________________
b) Drehwurm ____________________
c) Rennpferd ____________________
d) Trinkgefäß ____________________

Test 29

Bilde mithilfe der Wörterliste sinnvoll zusammengesetzte Nomen.

Zahl – Liter – Luft – Weg – Zeit

a) an + ____________ → An____________________
b) frei + ____________ → ____________________
c) um + ____________ → ____________________
d) frisch + ____________ → ____________________
e) viertel + ____________ → ____________________

Test 30

Finde passende Verbindungen aus Nomen und Verb und vervollständige damit die Sätze. Schreibe die Sätze auf.

Eis – Wasser – Sport – Schlange – trinken – essen – stehen – treiben

a) Vor der Eisdiele müssen wir in der Hitze …

b) Zum Glück habe ich meine Trinkflasche dabei und kann …

c) Lisa achtet immer auf ihre Figur und will deshalb kein …

d) Statt weniger zu essen werde ich einfach mehr …

Test 31

Bilde mit den Stichworten Sätze, die nominalisierte Verbindungen enthalten..

a) Zum / Schlange / stehen / ich / keine Lust

____

____

b) Zeugnistag / Eltern / einladen / mich / zum / Eis / essen

____

____

Test 32

Die folgenden Verben lassen sich mit den vier eingekreisten Verben verbinden. Schreibe alle Verbindungen, die du findest, auf. (Tipp: Es gibt mehrere Möglichkeiten.)

liegen – spazieren – laufen – liegen – schwimmen –

kennen – gehen – schlafen – verloren – stehen – sitzen

lassen **gehen** **lernen** **bleiben**

Test 33

Lies diese Sätze und entscheide, wie die Verbindungen mit Verben geschrieben werden müssen. Unterstreiche die jeweils richtige Schreibweise.

a) Silvia hat ihren Mantel an der Garderobe **hängenlassen** / **hängen lassen**.

b) Benjamin wird seinen besten Freund bestimmt nicht **hängenlassen** / **hängen lassen**.

c) Bevor Lisa ihre Freundin treffen darf, muss sie erst ihre Hausaufgaben **fertigmachen** / **fertig machen**.

d) Weil Sven sich nicht an die Regeln der Clique hält, wollen sie ihn **fertigmachen** / **fertig machen**.

e) Fabian hat für die Klassenarbeit nicht gelernt und will deshalb **blaumachen** / **blau machen**.

f) Die Wand im Badezimmer würde ich **blaumachen** / **blau machen**.

Test 34

Wo können diese Wörter getrennt werden? Schreibe deine Lösungen auf. Gib dabei alle Möglichkeiten an.

a) Gewitterwolke
b) Jackentasche
c) ebenfalls
d) Sauerstoffflasche
e) hinauf
f) abermals
g) Fahrradkorb
h) Limonade
i) Olive
j) lachen
k) einander
l) Pflasterstein
m) Efeugewächs
n) Mückenstich
o) Strophe

6 Satzschlusszeichen und wörtliche Rede

Test 35

Überlege, um welche Satzart es sich jeweils handelt. Trage dann die richtigen Satzschlusszeichen ein.

a) Hilfst du mir bei den Matheaufgaben______

b) David spielt am liebsten Fußball______

c) Lisa wünscht sich ein neues Handy zum Geburtstag______

d) Vorsicht an der Bahnsteigkante______

Test 36

Ergänze die fehlenden Satzzeichen bei der wörtlichen Rede.

a) „Die Bedienungsanleitung versteht kein Mensch______ rief Tommy ärgerlich.

b) „Ja______ antwortete Patrick, „der Kakao schmeckt lecker."

c) „Wann sind wir denn endlich da______ fragte Moritz ungeduldig.

d) „Der Eiffelturm ist 324 Meter hoch______ erklärte Leonie.

Test 37

Füge alle Satzzeichen ein, die in diesen Sätzen fehlen.

a) So was Dummes schimpft Lea der Akku ist leer

b) Jenny fragt Wann wird der Film wiederholt

c) Da schleicht jemand ums Haus flüsterte Tina ängstlich.

7 Das Komma

Test 38

Trage die fehlenden Kommas richtig ein.

Die Bäche Flüsse sowie der große See sind zugefroren. Lina Marina und Micha ziehen sich warm an: lange Unterhosen dicke Wollsocken warme Hemden Skihosen Mützen und Schals. Lina weiß nicht, ob sie die neuen roten oder die alten blauen Handschuhe mitnehmen soll. Dann packen die drei Schlittschuhe heißen Tee sowie ein paar Kekse ein. Auf geht's zum Wintervergnügen!

Test 39

Gliedere diese Sätze durch Kommas.

a) Gestern war es teils regnerisch teils windig und teils heiter.

b) Am liebsten trinke ich morgens Kakao Milch Saftschorle oder Eistee.

Test 40

Bilde mithilfe der angegebenen Konjunktionen Satzreihen. Denk dabei auch an die Kommas. Klammere Kommas, die nicht unbedingt stehen müssen, ein (,).

a) Max liest ein Buch. Dominik malt ein Bild. **(und)**

b) Wir gewinnen das Spiel. Wir werden es verlieren. **(entweder/oder)**

c) Der Gong ertönt. Alle Schülerinnen und Schüler gehen in die Klassen. **(und)**

d) Leider war der Film total langweilig. Sie ließen sich ihre gute Laune nicht verderben. **(aber)**

Test 41

Trage die fehlenden Kommas bei den Satzgefügen ein.

Wir besuchten Tina auf dem Reiterhof der außerhalb des Dorfes liegt. Sie ist eine absolute Pferdenärrin die schon seit ihrem fünften Lebensjahr reitet. Unbedingt wollte sie uns ihr Pferd das schon viele Preise gewonnen hat zeigen. Jessica die jedes Dressurreiten im Fernsehen verfolgt war begeistert. Sie wollte auch sofort den Stall der ziemlich dreckig war ausmisten. Doch leider mussten wir den Bus zurück noch erreichen der sehr selten fährt.

Test 42

Verbinde die Satzpaare mithilfe der angegebenen Konjunktionen zu Satzgefügen. Schreibe die neuen Sätze auf und vergiss die Kommas nicht.

a) Die Spieler von Pechvogel 04 verließen mit hängenden Schultern den Platz. Sie hatten schon wieder eine Pleite kassiert. **(weil)**

b) Der Erhalt der Klassenliga war nun vertan. Sie hatten sich so bemüht. **(obwohl)**

c) Der Trainer kritisierte. Sein Verein gibt zu wenig Geld für gute Spieler aus. **(dass)**

Test 43

Ordne die Vorgaben und bilde sinnvolle Sätze. Denk dabei auch an die Zeichensetzung.

a) ganz / vergessen / Oje / ich / habe / das

b) Aufräumen / Hilfst / beim / Vera / du / mir

c) da / jemand / ist / Hallo

Üben
Testen
Diktate

1 Vokale

1 Gar nicht so einfach für kleine Fohlen!

Fohlen kommen im **Frühjahr** zur Welt, nachdem sie elf Monate im Leib der **Mutter** waren. Schon zwei Stunden nach der Geburt **kann** das **Fohlen stehen**.

Es **fällt ihm** zunächst gar nicht so leicht, auf den langen, **dünnen** Beinen zu **stehen** und zu **gehen**. Da ist nach **mehreren** Versuchen eine **Belohnung** und Stärkung angesagt. Das Pferdekind **sehnt** sich nach einer **wohlschmeckenden Milchmahlzeit**. Und ganz **ehrlich**, die hat es nach der Anstrengung auch verdient! Ein **Fohlen kann** bis zu zehn Liter Milch pro Tag trinken.

Wenn es Gras frisst, muss es seine Vorderbeine spreizen, **denn** sein Hals ist noch ziemlich kurz. **Fohlen** sind neugierig und erkunden gerne das Gelände. Aber sie sind auch **sehr** ängstlich und laufen bei **Gefahr** sofort zu **ihrer Mutter**. Um sich ganz sicher zu **fühlen**, verstecken sie sich unter **ihr**.

Wörteranzahl: 132

→ Seite 14 - 16, Aufgabe 5 - 10;
Seite 22 - 25, Aufgabe 20 - 27

2 Tierstaaten

Wie bei den Menschen gibt es auch bei den **Tieren** große Gemeinwesen, **die** auf dem **Zusammenleben** und auf der gegenseitigen Hilfe **aller Mitglieder** aufgebaut sind.

Solche **Staaten** finden wir bei den Insekten, z. B. bei den **Hummeln**, **Bienen** und Ameisen. Bei **diesen Tieren** sind es aber **immer** nur die Weibchen, **die** am Aufbau und der Erhaltung des **Staates** mitarbeiten. **Sie** bilden ein großes **Heer** von **Arbeiterinnen**, **die alle Nachkommen** einer **Königin** sind. **Sie führen** die Bauarbeiten aus, **kümmern** sich um die Reinigung, **die Nahrung** und **die** Verteidigung. Außerdem **übernehmen sie die** Pflege der **Nachkommen**.

Wörteranzahl: 94

→ Seite 14 - 25, Aufgabe 5-27

3 Weißes Gold

Porzellan wird auch weißes Gold **genannt**. Man **kann** daraus **wunderschönes Geschirr wie** Tassen, **Schalen** und **Krüge herstellen** oder **Figuren** formen. **Porzellan** ist zerbrechlich **wie** Glas, aber formbar **wie Ton**. **Wenn** man es nicht **bemalt**, ist es **strahlend** weiß.

Könige und Fürsten schwärmten für seine **zarte Schönheit**. **Sie zahlten** dafür **viele Goldtaler** an Händler aus **China**. Nur **die Chinesen** wussten, **wie** man **Porzellan herstellt** und **verrieten dieses** Geheimnis **niemandem**.

Jahrelang ließ Fürst August von Sachsen nach dem rätselhaften Rezept forschen. Dazu **hatte** er einen **Diener** in ein **Verlies** eingesperrt. **Dieser** lüftete **schließlich** 1708 das Geheimnis. Das war die Geburtsstunde des Meißner **Porzellans**. Es verhalf dem Fürsten zu großem Reichtum und **Wohlstand**. Der arme **Diener** kam aber nicht frei, damit er das Rezept nicht weitersagen **konnte**.

Wörteranzahl: 124

→ Seite 12 – 16, Aufgabe 1 – 10;
Seite 19 – 21, Aufgabe 15 – 19

4 Eine Welt für sich

Wer einmal mit **Taucherbrille** und **Sauerstoffflasche** die **fantastische Unterwasserwelt** eines **Riffs** erlebt hat, kann den nächsten Tauchgang kaum abwarten. Die Arten- und Farbenvielfalt ist überwältigend. Nicht nur **bekannte Arten** wie Haie, Anemonenfische und Doktorfische **kann** man dort beobachten. Auch dem Fetzenfisch, einem giftigen aber sehr **ausgefallenen** Tier, **kann** man hier begegnen. Es sieht aus wie ein **farbenfroher Stofffetzen**.

Allerdings ist diese Welt nicht nur **friedvoll**. Durch den **Wettstreit** der **Rifffische** untereinander, den Tauchsport und die **Schifffahrt** entstehen für die Tiere viele **Stresssituationen**. Noch dramatischer ist es, **wenn** nach einem **Schiffsunglück** durch auslaufendes Öl ein giftiger **Treibstofffilm** entsteht. Solche Katastrophen **können** für ein **Riff** existenzbedrohend sein.

Wörteranzahl: 109

→ Seite 22 – 27, Aufgabe 20 – 29

Üben
Testen
Diktate

2 *s*-Laute

5 Wer war Darwin?

Darwin war ein Naturforscher, der im 19. Jahrhundert lebte. 1832 ging er **das Wagnis** ein, an einer fünf Jahre dauernden weltweiten **Forschungsreise** teilzunehmen. Die **Ergebnisse dieser** langen **Reise** waren ein **interessantes Reisetagebuch** und eine **große Sammlung** von Versteinerungen, Knochenfunden und Tierpräparaten.

Nach jahrelangem Forschen kam Darwin zu der **Erkenntnis**, dass es die jetzigen Tier- und Pflanzenarten nicht immer gegeben hat. **Sie** haben **sich** in Jahrmillionen aus einfachen Formen entwickelt und immer wieder den jeweiligen **Verhältnissen angepasst**. Darwins Lehre **stieß** damals nicht nur auf **Verständnis**, **sondern** auch auf heftige Kritik und viel **Misstrauen**. Heute ist **sie** die Grundlage der modernen Biologie.

Wörteranzahl: 101

→ Seite 28 – 33, Aufgabe 30 – 38

6 Das Rad

Es ist **das** Rad, **das** alles ins Rollen brachte. Es steht fest, **dass** ohne **das** Rad keine größeren Erfindungen möglich gewesen wären.

Es gäbe heute weder **das** Auto noch den Zug. Es gäbe gar keine Maschine. Es ist **das** Rad, **das** seit seiner Erfindung dem Menschen **das** Leben erleichtert. Jahrhundertelang hat **das** Mühlrad für den Menschen **das** Korn gemahlen, der Flaschenzug hat für ihn die Lasten gehoben. Nur weil ein Rad ein anderes Rad drehen kann, sind Maschinen möglich geworden. Wie beeindruckend ist es, zu sehen, wie ein Zahnrad in ein anderes greift und so Uhren und große Maschinen antreibt! Viele glauben, **dass das** Rad **das** Beste ist, **das** je erfunden worden ist.

Wörteranzahl: 113

→ Seite 34 – 35, Aufgabe 39 – 41

3 Gleich und ähnlich klingende Laute

7 Gebrauchsanweisung

Die Bedienung dieses **Gerätes** ist **verhältnismäßig aufwändig**. **Deswegen** will ich Ihnen die **Wirkungsweise** kurz, aber **verständlich erläutern**. **Vergeuden** Sie **nämlich** keine Zeit mit der beiliegenden Zeichnung, denn diese ist **äußerst fehlerhaft** und überdies **undeutlich**. **Laien** jedenfalls haben sich schon **häufig getäuscht** und standen dann **keuchend** und **seufzend** vor **verstreuten Einzelteilen**. Sie werden es **sicherlich** nicht **bereuen** und sich unnötige **Enttäuschungen** ersparen.

1. **Wählen** Sie entweder die Arbeitsweise **jäten**, **säen** oder **häckseln**.
2. Warten Sie **ungefähr** 1 Minute, bis das entsprechende **Lämpchen aufleuchtet**.
3. **Drehen** Sie dann **gemächlich** das **Rädchen** an der linken **Seite** des **Gehäuses** bis zum **Anschlag**.
4. Führen Sie das **Gerät schräg** über den Boden **entlang**.
5. Bei **krächzenden** oder **ächzenden Geräuschen** sollten Sie überprüfen, ob sich **Nägel** oder **Späne während** der Arbeit **verkeilt** haben.
6. In diesen **Fällen** sollten Sie das **Gerät nämlich schleunigst säubern** und mit einem **Quäntchen** Öl einreiben.
7. **Versäumen** Sie auch nie, die **Speichen** der **Schäufelchen** und **Rädchen** zu ölen.
8. **Hängen** Sie das **Gerät** nach dem Gebrauch in ein **geräumiges Schränkchen**.

Wörteranzahl: 170

→ Seite 36 - 47, Aufgabe 42 - 61

4 Groß- und Kleinschreibung

8 Eine Fahrt ins Blaue

In den vergangenen Ferien machten Hannes, Kai und Peter eine Fahrradtour ins **Blaue**. Sie nahmen ihr kleines Zelt und ihre Schlafsäcke mit. In ihrem Rucksack hatten sie viel **Kühles** zum **Trinken** und allerlei **Leckeres** zum **Essen**. Das sei doch endlich mal etwas **Neues**, etwas richtig **Spannendes**, hatte Peter ausgerufen, als Kai diese Fahrt vorgeschlagen hatte.

Schon morgens im **Dunkeln** waren sie abgefahren, denn sie wollten so weit wie möglich kommen. Als es Abend wurde, machten sie auf einer Wiese Rast. Sie bauten ihr Zelt auf, zündeten ein Lagerfeuer an und genossen die **Stille**. Herrlich war es, so im **Grünen** zu sitzen und den Duft des Heus zu genießen. Da es warm und trocken genug war, konnten sie sogar im **Freien** schlafen.

Wörteranzahl: 121

→ Seite 51 – 57, Aufgabe 67 – 75

9 Ferien auf dem Bauernhof

Liebe Laura,

die Ferien auf **eurem** Bauernhof waren herrlich. Es war wirklich toll, dass **du mir** so viel gezeigt hast. Am **schönsten** war, auf **deinem** Pony zu reiten und mit **deinen** Kätzchen zu spielen. Denk nur, gestern Morgen habe ich **mir** einen Hamster gekauft. Wenn **du** nun zu **mir** kommst, habe **ich** also auch ein Tier.

Bei dieser Gelegenheit möchte **ich mich**, liebe Frau Riedel, auch noch einmal bei **Ihnen** und **Ihrem** Mann bedanken. Fein, dass **Sie mir** so viel **Interessantes** gezeigt und erklärt haben. Jetzt weiß **ich** sehr viel mehr über **Ihr Leben** auf einem so großen Bauernhof. Auch werde **ich** noch oft an die vielen schönen Ausflüge denken, die **Sie** mit **uns** gemacht haben.

Viele liebe Grüße an alle Bewohner des Kastanienhofes
deine/**Ihre** Mara Schulz

Wörteranzahl: 126

→ Seite 51 – 59, Aufgabe 67 – 78

5 Getrennt- und Zusammenschreibung

10 Das Netzwerk der Wale

Wenngleich das Verhalten der Wale noch viele Rätsel aufgibt, einige Geheimnisse der **Meeressäuger** konnten Forscher inzwischen lüften. So weiß man, dass Wale gesellige Tiere sind und verschiedene Signale aussenden, um sich mit ihren **Artgenossen** zu verständigen. **Flossenschläge** gehören dazu, aber auch **Klicklaute** oder **Pfeiftöne**. Besonders beeindruckend sind die Gesänge der männlichen Buckelwale. Sie bestehen aus zusammenhängenden Melodien, die die Wale sogar mehrmals wiederholen.

Wale können die Signale ihrer **Artgenossen** über große Entfernungen hinweg wahrnehmen. Das liegt nicht nur an der guten **Schallleitfähigkeit** des Wassers, sondern auch an dem empfindlichen Gehör der Wale. Ohnehin sind Wale sehr auf ihren **Gehörsinn** angewiesen, mit dessen Hilfe sie sich orientieren.

Sie leiden deshalb unter dem immer lauter werdenden Lärm in den Meeren. Die Geräusche der **Schifffahrt** und der Einsatz lauter Geräte können Wale in **Stresssituationen** versetzen, die lebensbedrohlich für sie sind, warnen **Fachleute**.

Wörteranzahl: 143

→ Seite 60 – 63, Aufgabe 79 – 85

11 Sport mit Spaß

In Gemeinschaft macht Sport mehr Spaß, heißt es. Das stimmt! Und **Spaß haben** ist genauso wichtig wie **Sport treiben**.

Durch die Bewegung wird der Kreislauf angeregt und die Durchblutung verbessert. Es gelangt mehr Sauerstoff in den ganzen Körper.

Versuche, so oft wie möglich **Sport zu treiben**. Im Sommer kannst du z.B. **Rad fahren**, **Rollschuh laufen** oder **Tennis spielen**. Das **Skilaufen** macht vielen Leuten im Winter große Freude. Manche Menschen beginnen ihren Tag, indem sie **schwimmen gehen**.

Am wichtigsten ist, dass du die Sportart ausübst, die dir wirklich **Spaß macht** und die dich **gesund hält**.

Wörteranzahl: 95

→ Seite 64 – 68, Aufgaben 86 – 92

6 Wörtliche Rede und Kommasetzung

12 Auf der Bootsausstellung

„Was für ein schönes Segelschiff!", ruft Nora. „Womit wird es eigentlich gesteuert?", fragt Lutz. „Dummkopf, das weiß doch jeder", schreit Nora, „mit der Ruderpinne natürlich." „Nora", schimpft Vater, „du bist sehr unhöflich." Dann erklärt er: „Die Ruderpinne ist mit dem Ruderblatt verbunden. Mit ihm verändert man die Richtung. Wird die Ruderpinne nach rechts bewegt, fährt das Boot nach links." „Und wenn man sie nach links bewegt", ruft Lutz dazwischen, „fährt das Schiff nach rechts!"

„Und womit hält man das Boot auf Kurs, Nora?", fragt Vater. „Woher soll ich das denn wissen?", brummt Nora. „Bist du nicht in der Segelschule?", fragt Vater erstaunt. Dann fährt er fort: „Mit dem Kielschwert natürlich. Es verhindert, dass das Boot seitlich abdriftet, wenn der Wind in die Segel packt."

Wörteranzahl: 124

→ Seite 74 - 76, Aufgabe 100 - 103

13 Kleinstadt „Flughafen"

Einige internationale Flughäfen sind so groß wie Kleinstädte. Tausende von Menschen arbeiten dort in Geschäften, Restaurants, Cafés **und** Büros. Sie arbeiten z. B. im Verkauf, im Service, in der Technik, im Flugzeug, beim Zoll **oder** am Gepäckband.

Besonders in Ferienzeiten sind die riesigen Abfertigungshallen voll von jungen **und** alten Passagieren, die an den Schaltern einchecken wollen. Dann stolpert man dort über zahlreiche Koffer, sperrige Gepäckstücke, dicke Rucksäcke **und** eckige Pakete. Überall lachen, rufen, reden **und** plaudern Leute. Manche laufen, hetzen **und** rennen die langen Gänge entlang. Andere warten sitzend, schlafend, lesend **oder** telefonierend auf ihre Abflugzeit.

Währenddessen überwachen Fluglotsen das Starten **und** Landen der Flugzeuge. Sobald ein Flugzeug gelandet ist, wird es entladen, beladen, aufgetankt **und** startklar gemacht.

Wörteranzahl: 118

→ Seite 77 - 78, Aufgabe 104 - 106

14 Die Erforschung des Mars

Staubstürme tosen mit gewaltigen Geschwindigkeiten über die karge Oberfläche des Mars**,** die Temperaturen schwanken enorm **(,) und** es kann sehr kalt werden. Der Mars ist unser Nachbarplanet und doch eine lebensfeindliche Wüste.

Das muss nicht immer so gewesen sein. Man vermutet**, dass** auch auf dem Mars einmal günstigere Bedingungen herrschten. So könnten zum Beispiel größere Wasservorkommen frühe Formen von Leben ermöglicht haben. Gefrorenes Wasser gibt es auf dem Mars jedenfalls heute noch**,** das hat man im Jahr 2008 herausgefunden.

Bislang wurde der Mars nur mit Robotern erkundet. Vielleicht würden Menschen ja mehr entdecken**,** eine bemannte Fahrt zum Mars liegt aber noch in weiter Ferne. **Weder** sind alle technischen Probleme gelöst **(,) noch** beherrscht man im Moment die großen Risiken**, die** solch eine lange Reise ins All für die Astronauten mit sich bringt.

Wörteranzahl: 134

→ Seite 79 – 82, Aufgabe 107 – 114

15 Wie werden Züge angetrieben?

Heute gibt es Diesel- und Elektrolokomotiven**, während** die ersten Züge vor ungefähr 200 Jahren nur mit Dampf angetrieben wurden. Sie fuhren so langsam**, dass** man während der Fahrt nebenhergehen konnte.

Es ist klar**, dass** die Dieselmotoren der Züge genauso arbeiten wie die Dieselmotoren der Autos. Diese Motoren erzeugen über einen Generator Strom**, der** den Motoren zugeführt wird**, damit** diese die Räder antreiben und Wärme und Licht liefern. Es hat sich gezeigt**, dass** Züge mit Elektromotoren viel schneller sind. Den Strom holen sie sich aus Leitungen**, die** oberhalb der Züge oder zwischen den Schienen laufen.

Weißt du**, wo** der schnellste Personenzug Europas fährt? In Frankreich. Es ist der TGV**, für den** eine neue Strecke ohne enge Kurven angelegt werden musste**, weil** er so schnell ist.

Wörteranzahl: 124

→ Seite 79 – 82, Aufgabe 107 – 114

7./8. KLASSE

1 Gleich und ähnlich klingende Laute

1.1 Der *f*-Laut

Der *f*-Laut hört sich in vielen Wörtern zwar ähnlich an, wird aber ganz unterschiedlich geschrieben: mit **f**, **pf**, **ph** oder mit **v**.

1. Für den *f*-Laut tritt am häufigsten **f** auf. Nach dem Konsonanten *n* schreibt man immer *f*.
   Ausku**nf**t, Vernu**nf**t, Zuku**nf**t

2. Nach dem Konsonanten *m* schreibt man immer **pf**.
   Da**mpf**, Stru**mpf**, Su**mpf**

3. In Fremdwörtern schreibt man den *f*-Laut oft als **ph**:
   Atmos**ph**äre, **Ph**ysik, **Ph**ilosophie, Stro**ph**e, Trium**ph**

   Bei folgenden Wörtern gibt es auch eine eingedeutschte Schreibweise mit **f**, die meist verwendet wird:
   phantastisch – **f**antastisch, **Ph**otometrie – **F**otometrie, Orthogra**ph**ie – Orthogra**f**ie, Gra**ph** – Gra**f** (Kurve i.d. Mathematik)

   Fast ausschließlich mit **f** werden heute geschrieben:
   Del**f**in, **F**otogra**f**ie, Mega**f**on, Mikro**f**on, Tele**f**on, Gra**f**ik

4. In einigen Wörtern wird der *f*-Laut mit **v** geschrieben:
   bra**v**, Ner**v**, **V**olk

   In einer Reihe von Fremdwörtern wird *v* wie **w** gesprochen:
   Vanille, **V**ioline, **V**itrine

5. Die Vorsilben *ver-* und *vor-* schreibst du immer mit **v**.
   vergessen, **Ver**wechslung, **vor**angehen, **Vor**stellung

Aufgabe 1

Tausche die Anfangsbuchstaben gegen ein *f* oder ein *v* aus und bilde so neue Wörter. Schreibe sie auf.

______	______	______	______
______	______	______	______
______	______	______	______
______	______	______	______

Aufgabe 2

Ergänze die *f*-Laute mit den richtigen Buchstaben.

Noch be______or es ______riert, ______liegen die ______ögel in den Süden. Während ihres ______lugs kann man beobachten, dass sie in einer bestimmten ______ormation ______liegen. ______orne ______liegen meistens wenige Tiere ______oran, und der Rest des Schwarms fliegt v-______örmig hinterher. Dann ______liegen sie über ______elder und ______lüsse bis nach A______rika.

Aufgabe 3

**In den folgenden Wörtern fehlen die Konsonanten *f*, *v*, *pf* oder *ph*.
Ergänze sie.**

*Pf*and	*f*and	*V*erse	*F*erse
______eilchen	______eile	______lege	______egel
______aser	______ase	Har______e	Lar______e
______ater	______age	Trium______	stum______
______iel	______iel	______licken	______lücken
tra______	bra______	tie______	akti______

Aufgabe 4

Bilde mithilfe der Vorsilbe *ver-* neue Wörter.

lassen	heilen	fluchen
verlassen	______________	______________
reisen	tauschen	klein
______________	______________	______________
ehren	rosten	spotten
______________	______________	______________

Aufgabe 5

Bilde zusammengesetzte Nomen mit *ver-*, *voll-*, *vor-* oder *vorder-* und schreibe sie auf.

die -sammlung, das -kornmehl, das -rad, der -kehr, der -brauch, der -dacht, das -teil, die -achse, die -silbe, der -bart, das -steck, der -rat, der -band, die -gangenheit, die -milch, der -mond, der -turner, das -trauen, die -freude

Aufgabe 6

Setze die richtigen Buchstaben ein.

Jonas: Ich möchte später mal Che______koch werden. Ich mag es, mit Tö______en und ______annen zu hantieren und leckere Sachen zu kochen. Meine Mutter hil______t mir dabei.

Marie: Mein Beru______swunsch ist Apothekerin. Da______ür müsste ich ______armazie studieren. Damit das klappt, muss ich mich nur noch ein paar Noten ______erbessern.

Luzie: Ich werde ______erdezüchterin. Ich habe meinen eigenen Ho______ und mindestens 10 ______erde. Selbst______erständlich sind die alle preisgekrönt! Was denkt ihr denn?

Aufgabe 7

Vervollständige die gesuchten Fremdwörter. Der Schrägstrich sagt dir, dass das entsprechende Wort zwei Schreibweisen hat.

1. (Buchstabenfolge)
Al_ _abet

2. (großer Erfolg)
Trium_ _

3. (großes Unglück)
Katastro_ _e

4. (Abschnitt eines Liedes)
Stro_ _e

5. (Straßendecke)
As_ _alt

6. (Auslassungszeichen)
Apostro_ _

7. (chem. Element)
_ _os_ _or

8. (Lehrer der „Weisheit")
_ _iloso_ _

9. (Blasinstrument)
Saxo_ _ _ _/
S_ _ _ _ _ _ _

10. (Entwicklungsabschnitt)
_ _ase

1.2 *d* und *t*, *dt* und *tt*

end-/ent

- Die Vorsilbe **end-** weist darauf hin, dass etwas endgültig abgeschlossen ist:
  endlich, **End**ung, **End**station
- Alle anderen Wörter, die sich nicht von „Ende" ableiten lassen, schreibst du mit der Silbe **ent-**. Häufig haben diese Wörter etwas mit der Bedeutung „weg" zu tun:
  sich **ent**fernen (weggehen); **ent**wenden (wegnehmen)

seit/seid

- Die **Präposition seit** leitet eine adverbiale Bestimmung der Zeit, die **Konjunktion seit** einen temporalen Nebensatz ein:
  Seit zwei Jahren habe ich meinen Cousin nicht gesehen.
  Seit mein Cousin in der Nähe wohnt, sehen wir uns viel öfter.
- Das Wort **seid** ist eine **Verbform**, die sich vom Hilfsverb *sein* ableitet (2. Person Plural Präsens):
  Ihr **seid** dran! / **Seid** bitte pünktlich.

tot-/tod

In einigen Zusammensetzungen mit *tot-* oder *tod-* klingen die Konsonanten *t* und *d* gleich. Um sie richtig zu schreiben, merke dir die folgenden Regeln:

- Bei **zusammengesetzten Adjektiven** schreibt man den Wortbestandteil **tod-** mit **d**. Meist verstärkt er die Bedeutung:
  todernst, **tod**schick, **tod**sicher
- **Zusammengesetzte Verben** werden mit **tot-** gebildet. Auch die Partizipien dieser Verben schreibst du mit **t**:
  totschweigen, **tot**ärgern, **tot**gefahren

Stadt/statt

- Man schreibt *Stadt* (= große Wohnsiedlung) mit **dt**, aber *Stätte* (= Platz, Stelle) mit **tt**. Auch die Präposition *statt* schreibst du mit **tt**:
  Sta**dt**rat, Großsta**dt**, stä**dt**isches Schwimmbad
  Werksta**tt**, Sta**tt**halter
  sta**tt**, sta**tt**dessen

Aufgabe 8

Unterscheide die Vorsilben *end-* und *ent-* und schreibe die Wörter richtig auf.

-gültig, -los, -völkern, -lich, -lassen, -lohnen, -senden, -ung

end-: *end...*

ent-: *ent...*

Aufgabe 9

Löse dies Kreuzworträtsel. (Pro Kästchen ein Buchstabe.)

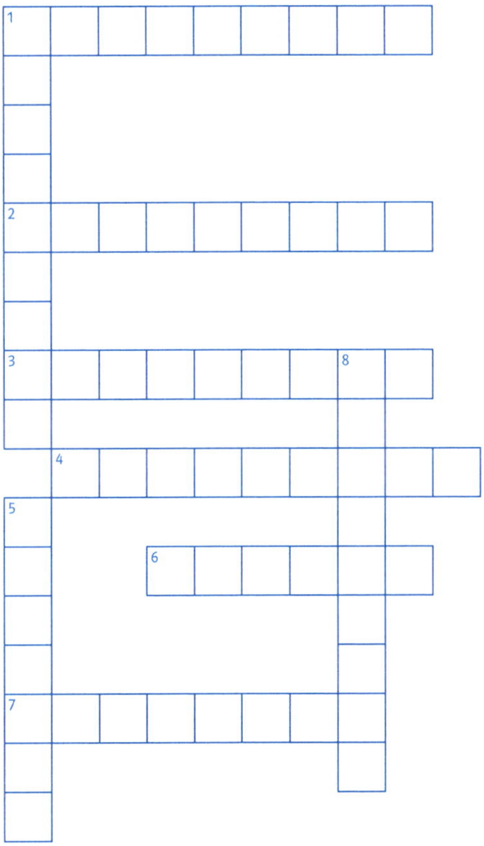

waagerecht

1. fortfallen/vergessen
2. immer gültig/abgemacht
3. Kidnapper
4. im Krankenhaus: jemandem Gift aus dem Körper holen
6. ohne ein Ende
7. letzte Silbe in einem Wort

senkrecht

1. erforschen/erfinden
5. Lohn für eine geleistete Arbeit
8. flüchten

Aufgabe 10

Lies diese Nachricht und vervollständige die Lücken mit *seid* oder *seit*.

Liebe Finja,

es ist ja jetzt schon ein wenig her, ___________ ich dir das letzte Mal geschrieben habe. Ich kann dir sagen, ___________ mein Cousin Niels mit in meinem Zimmer wohnt, ist hier alles anders. Außerdem ist er gar nicht so schlimm, wie ich dachte. Meine Mutter sagte gestern schon zu uns: „Ihr ___________ mir zwei Herzchen!" Damit meinte sie wirklich nicht, dass wir nett und lieb seien. Unsere Nachbarin äußerte etwas Ähnliches als sie sagte: „Ihr ___________ ja wie Pech und Schwefel." Das sollte wohl bedeuten, dass Niels und ich ganz gut zusammenpassen und zu zweit einige Streiche aushecken. Es ist gar nicht so übel, ___________ Niels hier ist! Wie schaut es bei dir aus? ___________ ihr in diesem Jahr schon im Schwarzwald gewandert?

Liebe Grüße

Kolja

Aufgabe 11

Setze *seid* oder *seit* ein.

„___________ ihr bei uns angekommen ___________, geht es uns wieder gut."

„___________ ihr euch da sicher?"

„Ja, ganz sicher, ___________ vorgestern haben wir niemanden mehr für den Abwasch. Aber ___________ ihr da ___________, ist dieses Problem gelöst."

Aufgabe 12

Ergänze die fehlenden Wortbestandteile *tod-* oder *tot-*.

___________arbeiten	___________sicher
___________müde	___________unglücklich
___________langweilig	___________sagen
___________lachen	___________schlagen
___________schweigen	___________schick
___________ernst	___________laufen

Aufgabe 13

Setze in die folgenden Lücken die Wörter *Stadt*, *Statt*/*Stätte* oder *statt* so ein, dass sinnvolle Wortverbindungen entstehen.

a) Kleinstadt

b) Arbeits_______________

c) _______________lich

d) _______________finden

e) Innen_______________

f) _______________rat

g) _______________staat

h) _______________dessen

i) Rast_______________

j) Haupt_______________

k) Kreis_______________

l) an_______________

1.3 *das* und *dass*

1. Das mit einem einfachen *s* geschriebene Wort **das** hat drei unterschiedliche Aufgaben:
   Artikel: **das** Handy
   Relativpronomen: Das Handy, **das** du mir geschenkt hast …
   Demonstrativpronomen: **Das** finde ich prima.

   Du **kannst** diese Wörter durch *dieses/dies*, *jenes* oder *welches* **ersetzen**:
   jenes Handy/Das Handy, **welches** …/**Dies** finde ich …

2. Bei dem Wort **dass** handelt es sich um eine Konjunktion, die du **nicht** durch *dieses/dies, jenes oder welches* **ersetzen** kannst:
   Ich freue mich, **dass** (~~welches~~) du mir ein Handy geschenkt hast.

Aufgabe 14

Ergänze *dass* oder *das*.

Neptun, ___________ Pferd von Anna, galoppiert schnell über ___________ Gras, ___________ sehr kurz geschnitten ist. Anna hofft, ___________ sie den hohen Sprung schaffen. Neptun fliegt über ___________ letzte Hindernis. Anna ist erleichtert, ___________ sie ___________ Turnier hinter sich hat. Sie lobt ihr Pferd, ___________ viel geschafft hat.

Aufgabe 15

Der folgende Text erhält erst dann Sinn, wenn du insgesamt elfmal *das* oder *dass* einfügst. Wo müssen die Wörter hin? Schreibe den ergänzten Text auf.

Fußball-Poster, ich mir vor Jahren gekauft habe und ziemlich teuer war, immer wieder von der Wand fiel, regte mich damals so auf, ich es mit Tapetenkleister anklebte, und nun habe ich Problem, ich dumme Bild ertragen muss, wenn ich nicht ganze Zimmer neu tapezieren will, aber ist mir die Mühe eigentlich nicht wert.

1.4 *wieder* und *wider*

Du schreibst **wieder**, wenn das Wort die Bedeutung von **abermals**, **erneut** hat:
w**ie**derholen, w**ie**derkehren, W**ie**derwahl

Du schreibst **wider**, wenn das Wort im Sinne von **gegen** gebraucht wird:
w**i**dersprechen (eine entgegengesetzte Meinung vertreten)
w**i**dersetzen (sich gegen etwas auflehnen)

Aufgabe 16

Wie musst du die Lückenwörter schreiben, mit *i* oder mit *ie*?
Trage die richtigen Buchstaben ein.

a) Oliver hat endlich seinen Fahrradschlüssel w______dergefunden.

b) Dem leckeren Schokoladenpudding konnte niemand w______derstehen.

c) Der Zeuge verstrickte sich in W______dersprüche.

d) „Verflixt nochmal", schimpft Paul, „ich habe schon w______der verschlafen!"

Aufgabe 17

Löse die Rätsel und füge *i* oder *ie* in die Lücken ein.

a) Etwas noch einmal tun	w______derholen
b) Ein anderes Wort für „sich wehren"	w______dersetzen
c) Starke Abneigung	W______derwille
d) Ein anderes Wort für „zurückkehren"	w______derkehren
e) Ein anderes Wort für „abscheulich"	w______derlich

2 Groß- und Kleinschreibung

2.1 Eigennamen und feste Begriffe

1. Werden mehrteilige Eigennamen oder feste Begriffe mit einem **Adjektiv** gebildet, schreibst du das Adjektiv **groß**. Das gilt für historische, geografische oder biologische Bezeichnungen, für Titel und Amtsbezeichnungen, für Bezeichnungen z.B. für Gebäude oder Organisationen und auch für besondere Kalendertage:

der **W**estfälische Friede	der **R**egierende Bürgermeister
der **S**tille Ozean	die **B**laue Moschee
der **D**eutsche Schäferhund	der **H**eilige Abend

   Beachte: Bestehen mehrteilige Eigennamen aus **verschiedenen Wortarten**, schreibst das erste Wort, Nomen und Adjektive groß, Artikel, Präpositionen und Konjunktionen dagegen klein:
   Kap der **G**uten **H**offnung, **V**ereinigte **S**taaten von **A**merika

2. **Adjektive** in festen Wendungen werden in aller Regel **kleingeschrieben**, wenn es sich bei diesen Fügungen nicht um Eigennamen handelt. Auch Adjektive in Berufsbezeichnungen schreibst du klein:
   das **n**eue Jahr, die **g**raue Maus, die **r**ömischen Zahlen,
   der **t**echnische Leiter, der **k**aufmännische Angestellte

   Beachte: **Geografische Bezeichnungen**, die auf **-er** enden, schreibst du immer **groß**, auch wenn sie in mehrteiligen Wendungen vorkommen, bei denen es sich nicht um einen Eigennamen handelt:
   die **S**tuttgart**er** Innenstadt, die **H**amburg**er** Bürger

3. In mehrteiligen festen Wendungen, die eine **neue Bedeutung** erhalten, kannst du das Adjektiv **groß-** oder **kleinschreiben**:

das **S**chwarze/**s**chwarze Brett	(= Anschlagtafel)
der **W**eiße/**w**eiße Tod	(= Lawinentod)
das **H**ohe/**h**ohe Haus	(= Deutscher Bundestag)

Aufgabe 18

Löse die folgenden Verbindungen auf und schreibe sie richtig auf die Linien.

a) blaueplanet der ______________________________

b) französischerevolution die ______________________________

c) neuetestament das ______________________________

d) weißehaus (in Washington) das ______________________________

e) englischeliteratur die ______________________________

f) europäischeunion die ______________________________

g) norddeutscheküste die ______________________________

h) schwarzemeer das ______________________________

Aufgabe 19

Lies die folgende Gästeliste für eine Talkshow. Welche der Angaben enthalten Rechtschreibfehler, welche sind richtig geschrieben? Kreuze jeweils an (r = richtig, f = falsch).

	r	f
a) die Heiligen Drei Könige aus Groß Flatow	☐	☐
b) fliegender Pfeil, Sieger des Stadt-Marathons	☐	☐
c) Peter Paul Patzke, Technischer Zeichner	☐	☐
d) Bruno Bronsky, Fachmann für künstliche Intelligenz	☐	☐
e) Blacky, das schwarze Schaf	☐	☐
f) Paul Brattner, der die Rote Karte bekam	☐	☐
g) die laute Lotte, Sängerin der Rockband „heiße Öfen“	☐	☐

Aufgabe 20

Die Volkshochschule will folgende Vorträge ankündigen. Sorge dafür, dass sie im Programmheft richtig gedruckt werden.

a) Neues aus den ______ereinigten Staaten **(v/V)**

b) Vom ______roßen Wagen bis zum ______leinen Bären **(g/G – k/K)**

c) Diavortrag über die ______orditalienischen Seen **(n/N)**

d) Die Geheimnisse der ______emeinen Stubenfliege **(g/G)**

e) Weinseminar: „Die besten ______eutschen Weine" **(d/D)**

f) Die ______ainzer Fastnacht im Wandel der Zeiten **(m/M)**

g) Geschichte des ______weiten Weltkriegs **(z/Z)**

h) Eifersucht bei Geschwistern: Das ______weite Kind ist da! **(z/Z)**

Aufgabe 21

Lies diesen Reiseplan und trage die fehlenden Buchstaben in der richtigen Schreibung ein.

Stationen einer Pauschalreise in den ______ahen Osten **(N/n)**

1. Abflug ______amburger Flughafen **(H/h)**
2. Besichtigung ______laue Moschee **(B/b)**
3. Besuch der Hilfsorganisation ______oter Halbmond **(R/r)**
4. Rundfahrt ______oldenes Horn **(G/g)**
5. Vortrag: „Die ______chwarze Witwe und andere Spinnen des ______orderen Orients" **(S/s – V/v)**
6. Ankunft Eilat am ______oten Meer **(R/r)**
7. Besichtigung der ______ordanischen Wüstenstadt Petra **(J/j)**
8. Ankunft ______rankfurter Flughafen **(F/f)**

2.2 Zahlwörter

Grund- und Ordnungszahlen

1. Grund- und Ordnungszahlen schreibst du in der Regel **klein**:
   null, **e**ins, **z**wei, **d**reizehn, **h**undert, **t**ausend
   der **f**ünfte Oktober, der **a**chtzehnte Geburtstag

   Auch die **Uhrzeiten** (besonders eins bis zwölf mit oder ohne Uhr) schreibst du **klein**:
   Es ist **f**ünf. / Es ist **n**eun **U**hr. / Es ist **s**ieben **U**hr **f**ünfzehn.

   Beachte: Mehrteilige Grundzahlen **unter** einer **Million** schreibst du **klein** und **zusammen**; Angaben **über** einer **Million** werden **getrennt**, deren zweiter Bestandteil **großgeschrieben**:
   einhundert, **z**weitausend
   eine **M**illion, zwei **M**illiarden, drei **B**illionen

2. Grund- und Ordnungszahlen schreibt man groß, wenn sie als Nomen gebraucht werden. Du erkennst **nominalisierte Grund-** und **Ordnungszahlen** an ihren Begleitern: an einem Artikel, einer Präposition oder einem Pronomen:
   die Null, **eine F**ünf, **die E**lf
   am (= an dem) **E**rsten; **zum F**ünfzehnten, **zu H**underten,
   jeder Zehnte, **dieser E**rste, **sein F**ünfzigster

   Beachte: Ordnungszahlen schreibt man auch groß, wenn sie allein (ohne Nomen) stehen:
   Er wurde **Z**weiter, sie wurde **S**iebenundzwanzigste.

Bruchzahlen

1. Bruchzahlen schreibst du **klein**, wenn sie vor einem **Nomen** stehen. Werden sie selbst **als Nomen** gebraucht, schreibst du sie **groß**:
   ein **v**iertel Liter, ein **a**chtel Liter
   ein **V**iertel, ein **D**rittel/drei **F**ünftel der Menge

2. Steht in einer Zusammensetzung die Bruchzahl an erster Stelle, so schreibst du die Zusammensetzung groß:
   Vierteliter, vor einem **D**reivierteljahr, eine **D**reiviertelstunde

Aufgabe 22

In diesen Sätzen fehlt das Zahlwort „fünf". Füge es in der richtigen Form und Schreibung ein.

a) Jens wohnt in der ______________ Etage.

b) Zum ______________ Mal gewinnt Selina das Tennismatch.

c) Beim Wettkampf wurde Anna ______________.

d) Sie würfelt eine ______________.

e) Laura hat ihre ______________ besten Freundinnen zum Geburtstag eingeladen.

Aufgabe 23

Ersetze die Ziffern und schreibe die Zahlen aus.

a) Eva hat im Mathetest eine ______________________ **(1)** geschrieben.

b) Mit einer ______________________ **(2)** wäre Matthias schon glücklich.

c) Wir ______________________ **(3)** Freundinnen haben alle leider nur eine ______________________ **(3)** geschrieben.

d) Mit der Note ______________________ **(4)** im Zeugnis habe ich kaum Chancen.

Aufgabe 24

Schreibe die Ziffern als Zahlen aus.

Eine ______________________ **(1000 000)** ist

______________________ **(1000)** mal ______________________ **(1000)**;

eine Billion ______________________ **(1000)** Milliarden.

Aufgabe 25

Hier sind acht Zahlenangaben falsch geschrieben. Streiche sie durch und schreibe sie richtig auf.

Herr Winter ist in den Schlagzeilen: Seit Dreißig Jahren spielt er schon ohne Pause Lotto. Jetzt hat er endlich den Jackpot von zehn millionen Euro geknackt. Als Herr Winter von seinem Gewinn erfährt, macht er mehr als zehn Millionen Luftsprünge. Er ist jetzt die Nummer eins, er ist überhaupt der Erste in der Familie, der etwas gewonnen hat. Die Summe von Sechs Millionen möchte er sofort in Gold anlegen, eine million schenkt er seinen Kindern, und mit dem Rest will er in Saus und Braus leben. Vielleicht wird er auch der Erste Oldtimer- oder Ferienhausbesitzer in der Familie. Und wer weiß, beim Zweiten Lottogewinn knackt er vielleicht die milliarde …

____

____

____

____

Aufgabe 26

Ersetze die Ziffern durch Zahlwörter.

a) Es stimmt, dass ________________ **(1/3)** Kilogramm Mehl mehr ist als ________________ **(1/4)** Kilogramm.

b) Nimm nicht zu viel, ________________ **(1/5)** von der Masse ist genug.

c) Es steht mal fest, dass ________________ **(1/4)** mal ________________ **(1/3)** ________________ **(1/12)** ergibt.

2.3 Wochentage und Tageszeiten

Wochentage

1. Wochentage, die als **Nomen** gebraucht werden, schreibst du **groß**. Meist stehen sie zusammen mit einem Artikel, einer Präposition (oft mit einem Artikel verschmolzen) oder einem Pronomen:
   Montag; **der D**ienstag; **am** (an + dem) **M**ittwoch;
   jeden Donnerstag

2. Verbindest du **Wochentage** mit einer **Tageszeit**, schreibst du die Verbindung **groß** und **zusammen**:
   der **M**ontag**morgen**, der **S**onntag**abend**,
   am **F**reitag**nachmittag**, jeden **D**ienstag**mittag**

3. Gebrauchst du Wochentage als **Adverbien**, schreibst du sie **klein**.
   Du erkennst adverbial gebrauchte Wochentage daran, dass sie mit einem *s* enden:
   montag**s**, **m**ittwoch**s**, **s**amstag**s**

Tageszeiten

1. Tageszeiten, die als **Nomen** gebraucht werden, schreibst du **groß**.
   Du erkennst sie an ihren Begleitern (Artikel, Pronomen, Präpositionen):
   ein schöner **M**orgen; **am V**ormittag;
   jede Nacht; **gegen A**bend; **in der F**rüh

2. Häufig stehen **Tageszeiten** in Verbindung **mit Adverbien** (heute, gestern …). Du schreibst diese Verbindungen **getrennt**. Die Adverbien werden dabei klein-, die Tageszeiten großgeschrieben:
   heute Mittag; **gestern M**orgen; **übermorgen A**bend

   Bei **früh** ist Klein- und Großschreibung möglich:
   heute früh/**F**rüh

3. Gebrauchst du **Tageszeiten als Adverbien**, schreibst du sie klein.
   Das gilt auch für Zusammensetzungen mit Wochentagen.
   Du erkennst den adverbialen Gebrauch wieder am angehängten *s*:
   abend**s**, **m**ontagabend**s**; **m**ittag**s**, **f**reitagmittag**s**; **f**rühmorgen**s**

Aufgabe 27

Löse die Verbindungen auf und schreibe sie richtig auf.

a) AMMONTAG ____________________

b) MITTWOCHMITTAGS ____________________

c) DIENSTAGABEND ____________________

d) HEUTEVORMITTAG ____________________

e) DERDONNERSTAGNACHMITTAG ____________________

f) FREITAGMORGEN ____________________

g) ÜBERMORGENABEND ____________________

h) AMSONNTAGVORMITTAG ____________________

Aufgabe 28

Schreibe die angegebenen Wörter richtig in die Lücken.

Weil meine Eltern berufstätig sind, müssen wir Kinder im Haushalt mithelfen. Mein Bruder Daniel ist ____________ **(MONTAGS)** immer für die Spülmaschine zuständig, am ____________ **(MITTWOCH)** muss er die Blumen gießen und ____________ **(SAMSTAGVORMITTAGS)** sein Zimmer aufräumen. Ich bin jeden ____________ **(SAMSTAG)** für das Fegen der Treppe zuständig, muss mich ____________ **(DIENSTAGS)** um das Geschirr kümmern und mitunter am ____________ **(ABEND)** noch etwas Wäsche bügeln. Ein Glück, dass wir ____________ **(SONNTAGS)** immer frei haben. Da liegen wir dann bis zum ____________ **(MITTAG)** im Bett.

2.4 Farb- und Sprachbezeichnungen

1. Du schreibst Farb- und Sprachbezeichnungen **klein**, wenn sie als **Adjektiv** oder **Adverb** gebraucht werden:
   Er trägt ein **b**laues Hemd. / Sein Hemd ist **b**lau.
   Sie isst gern **i**talienische Pasta. / Sie spricht **i**talienisch.
2. Werden Farb- und Sprachbezeichnungen als **Nomen** gebraucht, schreibst du sie **groß**. Nominalisierungen erkennst du an ihren Begleitern: Artikel, Präpositionen (oft mit Artikel verschmolzen), Pronomen, Adjektive.
   Das Rot gefällt ihm aber nicht.
   Das Hemd gibt es auch **in R**ot.
   Ist das ein **grelles R**ot.
   Sie unterhalten sich **auf E**nglisch.
   Ihr Englisch ist sehr gut.
   Sie übersetzen den Text **ins E**nglische.

Aufgabe 29

Trage die angegebenen Farbbezeichnungen in der richtigen Form und Schreibung in die Lücken ein.

a) Mein Opa achtet nie auf die ________________ Fußgängerampel. **(grün)**

b) Viele Autofahrer fahren bei ________________ noch über die Kreuzung. **(rot)**

c) Eigentlich sollte man stehen bleiben, wenn die Ampel auf ________________ springt. **(gelb)**

d) Die Farbe ________________ ist nicht nur im Straßenverkehr ein Warnsignal. **(rot)**

e) An vielen Kreuzungen stehen ________________ Warnschilder. **(rot)**

Aufgabe 30

Entscheide dich! Pink oder pink?

Inka liebt _____________ . Ohne ihre Lieblingsfarbe _____________ kann sie nicht leben. Sie schläft in _____________ Bettwäsche, die Wände ihres Zimmers sind _____________ gestrichen und sogar ihr Schreibtisch ist _____________. Bei _____________ kann sie einfach nicht widerstehen. Deshalb trägt sie auch jeden Tag _____________ Klamotten. Es macht ihr nichts aus, dass sie wegen ihrer _____________ Leidenschaft schon einen Spitznamen bekommen hat: Pinki-Inki.

Aufgabe 31

Groß oder klein? Trage die Sprachbezeichnungen richtig ein.

Meine Freundin Sofia spricht so super (a) ________________ **DEUTSCH**, dass man gar nicht merkt, dass sie in ihren ersten Lebensjahren fast nur (b) ________________ **SPANISCH** gesprochen hat. Ihre Mutter ist nämlich Mexikanerin und spricht immer nur auf (c) ________________ **SPANISCH** mit ihr. Und ihr Vater spricht überwiegend (d) ________________ **ENGLISCH** mit Sofia, da er auf (e) ________________ **ENGLISCH** und sogar auch auf (f) ________________ **ARABISCH** erzogen wurde. Sofia, ihr Name klingt übrigens in (g) ________________ **DEUTSCH** und (h) ________________ **SPANISCH** fast gleich, lernte deshalb erst im Kindergarten richtig die (i) ________________ **DEUTSCHE** Sprache. In (j) ________________ **ENGLISCH** hat Sofia natürlich eine Eins und auf der Klassenfahrt nach London konnte sie sich super mit den Jungs dort auf (k) ________________ **ENGLISCH** unterhalten.

2.5 Besondere Nominalisierungen

Du hast bereits gelernt, dass Verben und Adjektive als Nomen gebraucht werden können (Nominalisierung) und dann mit einem großen Anfangsbuchstaben geschrieben werden müssen:
lachen → sein **L**achen   schön → das **S**chöne

Neben Verben und Adjektiven können noch weitere Wortarten in **Nomen** verwandelt werden. Du schreibst auch diese Nominalisierungen **groß**. Meist erkennst du sie an ihren Begleitern: Artikel, Präposition (oft mit Artikel verschmolzen), Pronomen, unbestimmte Mengenangaben. Zu den Wortarten, die als Nomen gebraucht werden können, gehören:

- **Adverbien** (*da, dort, hier, jetzt, immer …*):
  im Hier und **J**etzt
- **Pronomen** (*ich, du, er, sie, es; mein, dein, unser …*):
  jemandem **das D**u anbieten
- **Präpositionen** (*auf, in, nach, vor, neben, vor …*):
  ein (ständiges) **A**uf und **A**b
- **Konjunktionen** (*und, oder, aber, entweder – oder …*):
  ohne **W**enn und **A**ber
- **Interjektionen** (*hallo, ah, oh, muh, autsch …*):
  ein (lautes) **H**allo
- **Unbestimmte Zahlwörter** (*wenig, viel, etwas, nichts, einzig …*):
  Er tauchte aus **dem N**ichts auf.
  Wir waren **die E**inzigen.

  Oft ist bei unbestimmten Zahlwörtern aber auch die Kleinschreibung richtig:
  Sie waren sich **in v**ielem/**V**ielem einig.
  Die meisten/**M**eisten besitzen inzwischen ein Handy.
  Die einen/**E**inen langweilten sich, **die a**nderen/**A**nderen fanden den Film spannend.

Aufgabe 32

Trage die eingeklammerten Wörter in der richtigen Schreibung ein.

a) Sie hatte das gewisse ________________. **(etwas)**

b) Das ganze ________________ und ________________ verzögerte den Beginn. **(hin/her)**

c) Mit lautem ________________ und ________________ stiegen sie den Berg hinauf. **(ach/weh)**

d) Ich danke dir im ________________. **(voraus)**

e) Sie stimmten ohne ________________ und ________________ zu. **(wenn/aber)**

f) Das ________________ und ________________ gefiel ihnen nicht. **(drum/dran)**

Aufgabe 33

Lies die folgenden Satzpaare und ergänze die fehlenden Klein- oder Großbuchstaben.

a) Er konnte zwischen Dein und ______ein nicht unterscheiden.
Das rote ist dein Fahrrad; das grüne ist ______eins. (d/D)

b) Dauernd dieses ______auf und ______unter!
Er lief die Treppe ______auf und ______unter. (r/R)

c) Sie grüßte mit einem freundlichen „______allo".
Sie sagte immer „______allo", wenn sie die Klasse betrat. (h/H)

d) Er ging ______uf und ______b.
Sein Leben war ein ständiges ______uf und ______b. (a/A)

e) Er stand fünfmal im ______bseits.
Warum stehst du so ______bseits? (a/A)

2.6 Einzelfälle der Groß- und Kleinschreibung

Angst, Bange, Bankrott, Leid, Pleite, Recht/Unrecht, Schuld

In Verbindung mit den Verben **sein**, **bleiben** und **werden** schreibt man *Angst, Bange, Bankrott, Leid, Pleite, Recht/Unrecht* und *Schuld* klein. Sie werden als Adjektive angesehen. Das gilt auch bei *Bankrott* und *Pleite* in Verbindung mit **gehen** und bei *Leid* in Verbindung mit **tun** (*bankrottgehen, pleitegehen, leidtun*):

Großschreibung	**Kleinschreibung**
Du hast **A**ngst.	Ihm **ist a**ngst und **b**ange.
Die Firma macht **B**ankrott.	Die Firma **geht b**ankrott.
	Der Inhaber **ist p**leite.
Kriege erzeugen viel **L**eid.	Lotta **tut** dies **l**eid.
Du hast **S**chuld.	Du **bist s**chuld.

Bei *Recht* und *Unrecht* in Verbindung mit **behalten**, **bekommen**, **geben**, **haben** und **tun** kannst du groß- oder auch kleinschreiben:

Du **bekommst R**echt / **r**echt.	Das **ist** mir **r**echt.
Du **tust** ihm **U**nrecht / **u**nrecht.	Das **ist u**nrecht.

Beachte: Manchmal können abgeleitete Adjektive mit Nomen verwechselt werden. Folgender Trick hilft dir bei der Rechtschreibung: Kannst du das Wort durch ein anderes Adjektiv ersetzen, handelt es sich um ein Adjektiv, das du kleinschreiben musst:

Aus dem Spiel wurde **E**rnst.	Nimm deine Arbeit **e**rnst (*wichtig*).
	Es ist mir **e**rnst (*wichtig*).

Präposition + Nomen

Wenn in einer Verbindung aus Präposition und Nomen das Nomen seine **eigenständige Bedeutung verloren** hat, schreibst du die Verbindung **zusammen**:
anhand, inmitten

In einigen Fällen ist sowohl **Getrennt-** als auch **Zusammenschreibung** möglich. Schreibst du die Verbindung auseinander, musst du das Nomen mit einem großen Anfangsbuchstaben beginnen:
aufgrund/auf **G**rund; mithilfe/mit **H**ilfe; imstande/im **S**tande sein

Aufgabe 34

Groß oder klein? Trage die richtigen Buchstaben ein.

a) Daran warst du doch nicht ______chuld! **(S/s)**

b) Das Gericht konnte ihm keine ______chuld nachweisen. **(S/s)**

c) Ihnen wurde ______ngst und ______ange. **(A/a – B/b)**

d) Er hat große ______ngst vorm Zahnarzt. **(A/a)**

e) Das hast du doch nicht ______rnst gemeint! **(E/e)**

f) Ist das dein ______rnst? **(E/e)**

Aufgabe 35

In welchen dieser Sätze könnte das Wort „recht" auch großgeschrieben werden? Kreuze an.

a) Du hast recht, wir sollten endlich Hausaufgaben machen. ☐

b) Es ist mir recht, wenn du mich morgen besuchst. ☐

c) Da muss ich dir recht geben. ☐

Aufgabe 36

Unterstreiche in diesen Ausdrücken das Nomen und schreibe sie in der Getrenntschreibung auf.

a) „zumute sein" / ______________________
(in einer … Stimmung sein)

b) „instand setzen" / ______________________
(ausbessern; wieder herstellen)

c) „zuhause sein" / ______________________
(sich daheim fühlen)

3 Getrennt- und Zusammenschreibung

3.1 Verbindungen mit Verben

Partizip + Verb

Wortkombinationen aus einem Partizip und einem Verb schreibst du in der Regel **getrennt**:
getrennt schreiben, gefangen nehmen, strahlend begrüßen

Aber: Wenn die Verbindung aus Partizip und Verb eine **neue**, übertragene **Bedeutung** erhält, schreibst du sie **zusammen**.
gefangennehmen = in Bann ziehen:
Der spannende Film hatte sie ganz gefangengenommen.

Adverb + Verb

Wortkombinationen aus Adverb und Verb schreibst du **zusammen**, wenn die **Betonung** auf dem **Adverb**, also auf dem ersten Teil der Verbindung, liegt:
Die Ferien sind schnell vorübergegangen.

Aber: Im Präsens und Präteritum schreibst du diese Verbindungen auseinander (trennbare Verben):
Die Ferien gehen / gingen schnell vorüber.

Mitunter werden **beide Teile** der Verbindung, das Adverb und das Verb, betont. Dann schreibst du die Verbindung ebenfalls **getrennt**:
Wenn man im Team arbeitet, können alle voneinander lernen.

Verbindungen mit *sein*

Wortverbindungen mit *sein* schreibst du **getrennt**:
beisammen sein, fertig sein, vorbei sein, da sein

Werden diese Verbindungen als **Nomen** gebraucht, musst du sie **zusammen** und **groß** schreiben:
das Beisammensein, **das D**asein

Aufgabe 37

Bilde mithilfe der folgenden Wörter sinnvolle Sätze.

schreiben werden trennen bekommen nehmen
verlieren stehlen gehen fangen schenken

a) Zu meinem Geburtstag werde ich ein neues Fahrrad ______________________
______________________.

b) Meine letzten vier Fahrräder sind allesamt ______________________
______________________.

c) Vermutlich sind sie ______________________.

d) Man sollte Fahrraddiebe wirklich ______________________.

e) All diese Wörter muss man ______________________.

Aufgabe 38

Die folgenden Verbindungen aus Adverb und Verb passen so nicht zusammen. Ordne sie sinnvoll und schreibe sie auf.

a) abhanden	streben	*abhandenkommen*
b) abseits	kommen	______________________
c) auseinander	stehen	______________________
d) vorwärts	machen	______________________
e) zugute	legen	______________________
f) beiseite	kommen	______________________
g) zunichte	kommen	______________________

Aufgabe 39

Stelle aus dem Wörtersalat sinnvolle Verbindungen zusammen und vervollständige die Sätze.

vorlieb sitzen geraten nehmen nebeneinander durcheinander

a) Max musste mit dem letzten Platz ____________________.

b) Lotte und Verena möchten gern ____________________.

c) Alles war ____________________.

Aufgabe 40

Suche die Gegensätze und schreibe sie in die Lücken.

a) reich sein ↔ ____________________

b) da sein ↔ ____________________

c) hungrig sein ↔ ____________________

d) hübsch sein ↔ ____________________

e) glücklich sein ↔ ____________________

f) fleißig sein ↔ ____________________

g) stark sein ↔ ____________________

h) zusammen sein ↔ ____________________

Aufgabe 41

Verwandle die Verbindungen in Nomen.

allein sein zusammen sein arm sein

das ____________________

das ____________________

das ____________________

3.2 Trennbare und untrennbare Verben

Untrennbare Verben

Verben, die mit **Vorsilben** (Präfixen) gebildet werden, schreibst du in allen konjugierten Formen zusammen. Man spricht in diesen Fällen auch von **untrennbaren** Verben. Untrennbare Verben werden häufig mit den Vorsilben *ver-*, *er-*, *be-*, *zer-*, *ge-*, *emp-*, *miss-* gebildet.

verkaufen	(Infinitiv)
Er **verkauft** sein Auto.	(Präsens)
Er **verkaufte** sein Auto.	(Präteritum)
Er hat / hatte sein Auto **verkauft**.	(Partizip II)
Er wird sein Auto **verkaufen**.	(Infinitiv/Futur I)

Du erkennst untrennbare Verben auch daran, dass sie in der Regel auf dem **zweiten Teil** des Wortes (Verbstamm) **betont** werden:
verkaufen, zerreißen, erziehen, gebrauchen

Trennbare Verben

Verben können mit **Präpositionen** oder **Adverbien** zusammengesetzt werden (Partikelverben). Man nennt sie auch **trennbare** Verben, denn sie werden im Infinitiv, als Partizip I und II und am Ende eines Nebensatzes zusammen-, in allen andern Formen aber auseinandergeschrieben:

auffrischen	(Infinitiv)
Der Wind **frischt auf**.	(Präsens)
Der Wind **frischte auf**.	(Präteritum)
Der **auffrischende** Wind kam aus Nordosten.	(Partizip I)
Der Wind hat / hatte **aufgefrischt**.	(Partizip II)
Der Wind wird heute noch **auffrischen**.	(Infinitiv/Futur I)
Die Temperatur fiel, als der Wind **auffrischte**.	(Nebensatz/Ende)

Du erkennst trennbare Verben auch daran, dass sie auf dem **ersten Teil** der Verbindung **betont** werden:
aufhören, weggehen, vorstellen, anfangen, auslaufen

Beachte: Die Präpositionen *um*, *über*, *unter* können auch in untrennbaren Verbindungen vorkommen. Wenn du bei der Schreibung unsicher bist, kann dir die **Betonungsregel** helfen. Die untrennbare Verbindung wird auf dem zweiten Teil, die trennbare auf dem ersten Teil betont:

Der Radfahrer **umfährt** die Altstadt.	(umfahren)
Der Radfahrer **fährt** den Plakatständer **um**.	(umfahren)

Aufgabe 42

Ordne das Durcheinander zu sinnvollen Verben und schreibe sie auf. Unterstreiche jeweils die Vorsilben der Verben.

a) falgelen ______________________

b) schenube ______________________

c) enteizerl ______________________

d) denfinemp ______________________

e) slinmisgen ______________________

f) krenerlä ______________________

g) stereckven ______________________

Aufgabe 43

Bilde mithilfe der angegebenen Präpositionen zusammengesetzte Verben und trage sie ein.

auf +

lösen ______________

geben ______________

machen ______________

vor +

sagen ______________

stellen ______________

drängeln ______________

aus +

suchen ______________

lachen ______________

gehen ______________

hin +

gehen ______________

bringen ______________

fallen ______________

Aufgabe 44

Vervollständige die folgenden Sätze, indem du das Verb in Klammern im Präsens einsetzt. Überlege dabei jeweils, ob es sich um eine trennbare oder eine untrennbare Verbindung handelt.

a) Ich **(einschalten)** den Fernseher.

Ich schalte ______________________________

b) Ich **(aufschließen)** die Tür.

____

c) Ich **(entscheiden)** mich endlich.

____

d) Du **(angeben)**.

____

e) Du **(verstellen)** dich!

____

f) Er **(umfahren)** das Schild.

____

g) Er **(umarmen)** seinen Vater.

____

Aufgabe 45

Bestimme, ob das Verb in der ersten Spalte trennbar oder untrennbar ist und setze dann die richtigen Formen ein.

	Infinitiv	Präsens	Partizip Perfekt
a)	empfinden	*ich empfinde*	*habe empfunden*
b)	herausfinden	er	
c)	hingehen	du	
d)	verstehen	ihr	
e)	auffallen	wir	
f)	zerfallen	Ruinen	
g)	mitsingen	ich	
h)	aufwachen	du	
i)	zuhören	Tom	

Aufgabe 46

Bilde mithilfe der angegebenen Verben im Infinitiv sinnvolle Sätze im Präsens und Präteritum. Schreibe sie auf.

a) Anna / schon wieder ihre Möbel **(umstellen)**

Präsens: *Anna stellt …* Präteritum: *Anna stellte …*

b) Lars / den Text ins Englische **(übersetzen)**

c) Endlich / der Funke **(überspringen)**

d) Sie / mit dem Boot aufs Festland **(übersetzen)**

e) Sein Pferd / fast jedes Hindernis **(überspringen)**

f) Die jubelnden Fans / ihre Spieler **(umstellen)**

3.3 Verbindungen mit Adjektiven

Adjektive können auf unterschiedliche Weise zusammengesetzt werden.

1. Adjektiv + Adjektiv

Oft werden zwei Adjektive miteinander verbunden, um eine Eigenschaft genauer zu beschreiben. Häufig verstärkt oder vermindert das erste Adjektiv dabei die Bedeutung des zweiten. Du schreibst diese Verbindungen **zusammen**:
süßsauer, zartbitter, bitterkalt, lauwarm

Aber: Endet das erste Adjektiv auf *-ig*, *-isch*, *-lich*, schreibst du die Verbindung **getrennt**:
rost**ig** rot, gespenst**isch** ruhig, gelb**lich** grün

2. Nomen + Adjektiv

Verbindungen aus Nomen und Adjektiv schreibst du ebenfalls **zusammen**. Oft helfen dir diese Verbindungen wieder, Eigenschaften genauer zu beschreiben.
felsenfest (= Felsen + fest), steinhart (= Stein + hart)

Denke daran, dass du Verbindungen mit Adjektiven kleinschreiben musst, auch wenn ein Nomen an der ersten Stelle der Verbindung steht.

3. Verb(stamm) + Adjektiv

Eine Wortverbindung, die aus einem Verbstamm und einem Adjektiv besteht, schreibst du **zusammen**:
wissbegierig, gehbehindert

4. Partizip + Adjektiv

Verbindungen aus einem Partizip und einem Adjektiv schreibst du immer **getrennt**:
strahlend schön, blendend weiß

Aufgabe 47

Bilde mithilfe der Wortbausteine Verbindungen aus zwei Adjektiven. Schreibe die neuen Wörter auf.

feucht	bitter	tief	schwer
dumm	lau	nass	bitter
halb	taub	hell	gut
zart	bitter	ernst	böse
leicht	warm	kalt	hoch
früh	aktuell	dunkel	rund
voll	blau	fertig	stumm
krank	dreist	reif	neu
bitter	braun	warm	kalt
bürgerlich	blond	schlank	artig

dunkelbraun, taubstumm …

Aufgabe 48

Bilde Adjektive, die mit Nomen zusammengesetzt sind.

Nomen	+	Adjektiv	=	zusammengesetztes Adjektiv
a) Felsen	+	fest	=	*felsenfest*
b) Eis	+	kalt	=	___
c) Butter	+	weich	=	___
d) Blitz	+	blank	=	___
e) Nagel	+	neu	=	___
f) Meter	+	hoch	=	___
g) Aal	+	glatt	=	___
h) Glas	+	klar	=	___
i) Tau	+	frisch	=	___

Aufgabe 49

Bilde mithilfe der folgenden Verbstämme sinnvoll zusammengesetzte Adjektive.

stoß – leb – ~~denk~~ – schlag – wage – reiz – kauf – pfleg(e)

Adjektive	zusammengesetzte Adjektive
a) faul	denkfaul
b) fertig	________________
c) leicht	________________
d) fest	________________
e) voll	________________
f) los	________________
g) lustig	________________
h) mutig	________________

Aufgabe 50

Trage die vorgegebenen Wörter oder Wortgruppen richtig geschrieben in die Lücken ein.

a) Der Berg ist ________________ **(GEWALTIG)** hoch.

b) Nach der Wanderung waren alle ________________ **(MÄCHTIG)** hungrig.

c) Der Mathe-Test war ________________ **(KINDERLEICHT)**.

d) Pit war sofort ________________ **(HELLWACH)**.

e) Saras Zimmer ist ________________ **(LEUCHTENDGELB)** gestrichen.

f) Der ________________ **(BLÄULICHGRÜN)** Pullover gefällt mir gut.

3.4 Verbindungen mit Partizipien

1. Nomen + Partizip

Viele Verbindungen aus einem Nomen und einem Partizip kannst du sowohl **auseinander-** als auch **zusammenschreiben**:
Aufsehen erregend / aufsehenerregend
Respekt einflößend / respekteinflößend

2. Adjektiv + Partizip

Verbindungen aus Adjektiv und Partizip schreibst du meist **auseinander**. Du kannst sie aber auch **zusammenschreiben**:
froh gelaunt / frohgelaunt
weit reichend / weitreichend
bunt gestreift / buntgestreift

Aber: Wird der erste Teil der Verbindung erweitert oder gesteigert, musst du die Verbindung auseinanderschreiben. Wird dagegen der zweite Teil gesteigert, wird die Verbindung zusammengeschrieben:
weiter reichende Entscheidungen
weit**reichendere** Entscheidungen

Beachte: Verbindungen mit Partizipien, bei denen der **erste Teil** eine längere **Wortgruppe** zusammenfasst, schreibst du **zusammen**. Das gilt vor allem für Verbindungen aus Nomen oder Verbstamm und Partizip:
lärmgeschützt (statt: vor Lärm geschützt)
kopiergeschützt (statt: vorm Kopieren geschützt)

Aufgabe 51

Bilde mithilfe der vorgegebenen Wortgruppen sinnvolle Sätze. Gib beide Schreibungen an.

Furcht erregend – ~~Metall verarbeitend~~ – Not leidend – Gewinn bringend – Lieder grölend – Erdöl exportierend – Feuer speiend

a) Streik in der *Metall verarbeitenden / metallverarbeitenden* Industrie.

b) Den ______________________ Kindern muss geholfen werden.

c) Das ______________________ Geschäft ist geplatzt.

d) Die Filmszene war ______________________.

e) Es wurden viele ______________________ Fans festgenommen.

f) Die ______________________ Länder haben die Preise erhöht.

g) In Fantasy-Romanen kommen oft ______________________ Drachen vor.

Aufgabe 52

Vervollständige die Sätze mit den angegebenen Verbindungen. Schreibe getrennt, wo es möglich ist.

a) Ostereier sind oft ______________________ (**BUNTGESTREIFT**).

b) Die Eier sind zu ______________________ (**HARTGEKOCHT**).

c) Der Rasen ist ______________________ (**GUTGESCHNITTEN**).

d) Der ______________________ (**HAUSGEMACHT**) Kuchen schmeckt lecker.

e) Sein Vorschlag war nicht ______________________ (**ERNSTGEMEINT**).

f) Der Saal war ______________________ (**LICHTDURCHFLUTET**).

g) Die Tür ist ______________________ (**WEITGEÖFFNET**).

h) ______________________ (**ANGSTERFÜLLT**) näherte er sich dem Ungeheuer.

i) Wichtige Wörter werden ______________________ (**FETTGEDRUCKT**).

j) Die Datei ist ______________________ (**SCHREIBGESCHÜTZT**).

3.5 Besondere Verbindungen

1. **Zusammensetzungen mit -irgend** schreibst du immer **zusammen**:
   irgendwie, irgendwer

2. Verbindungen mit **unselbstständigen Bestandteilen** werden **zusammengeschrieben**:
   mehr**mals**: *-mals* allein gibt keinen Sinn und ist kein eigenständiges Wort
   redselig: *red-* allein gibt keinen Sinn und ist kein eigenständiges Wort

3. **Fragewörter mit *wie*** schreibst du **getrennt**:
   wie viel, wie viele

4. **Konjunktionen** wie *soviel*, *solange*, *soweit* schreibst du **zusammen**:
   Soviel ich weiß, hat der Tatverdächtige die Tat gestanden.

   Aber: Gleich lautende Verbindungen, die **keine Konjunktionen** sind, schriebst du **getrennt**.
   So viele Freunde habe ich gar nicht eingeladen.

   Diese Unterscheidung gilt auch für nachdem/nach dem; indem/in dem; seitdem/seit dem; sobald/so bald; sofern/so fern

Aufgabe 53

Irgendetwas fehlt hier. Ergänze den folgenden Satz.

_________________ wann wird _________________ jemand von

_________________ woher kommen und uns _________________ etwas

Wichtiges fragen, und dann wäre es gut, wenn _________________ wer

_________________ wie antworten könnte.

Aufgabe 54

Bilde sinnvolle Zusammensetzungen und schreibe sie auf.

all – spenstig – malig – ein – seits – wider – mals – oft

______________________ ______________________

______________________ ______________________

Aufgabe 55

Bei einem Interview wurden die folgenden *Wie*-Fragen gestellt. Ergänze die Fragewörter mithilfe von

viel – oft – weit – lange – viele

a) ______________ ist deine Schule entfernt?

b) ______________ fehlst du durchschnittlich im Jahr?

c) ______________ wirst du noch zur Schule gehen?

d) ______________ Lehrer unterrichten in deiner Klasse?

Aufgabe 56

Bilde sinnvolle Sätze.

soviel – so viel / nachdem – nach dem / sobald – so bald

a) ______________ ich weiß, ist er reich.

b) Er hat ______________ Geld, dass er nicht weiß, wohin damit.

c) ______________ das Gewitter vorbei war, radelten wir weiter.

d) ______________ Gewitter radelten wir weiter.

e) Diese Veranstaltung wird ______________ nicht zu Ende sein.

f) ______________ ich lache, bekomme ich einen Schluckauf.

3.6 Die Schreibung mit Bindestrich

1. Wenn du die einzelnen **Bestandteile** einer längeren Zusammensetzung **deutlich** machen möchtest, kannst du sie mit einem Bindestrich trennen. Du kannst auch einen Bindestrich setzen, wenn die Verbindung dadurch **lesbarer** und **unmissverständlich** wird. Das gilt vor allem für Zusammensetzungen, bei denen mehrere Vokale oder Konsonanten aufeinanderstoßen:

Herrenanzüge	Herren-Anzüge
Teeernte	Tee-Ernte
Musikerleben	Musik-Erleben oder Musiker-Leben

2. Um **Wiederholungen** zu **vermeiden**, kannst du bei Wortgruppen mithilfe des Bindestrichs den letzten, den ersten oder den letzten und ersten Bestandteil ersetzen:
   Orts- und Ländernamen
   vor- oder rückwärts
   Gartenstühle und -tische
   Möbelan- und -verkauf

3. In Verbindungen mit **Einzelbuchstaben**, **Abkürzungen** oder **Ziffern** musst du einen Bindestrich setzen:
   i-Punkt; **Kfz**-Papiere; **5**-mal; **17**-jährig; **T**-Shirt

4. **Doppelnamen** schreibst du mit Bindestrich. Sie kommen manchmal auch bei geografischen Bezeichnungen vor:
   Ina-Marie, Herr Schulte-Langen; Baden-Württemberg

Aufgabe 57

Trenne diese Wörter sinnvoll mit einem Bindestrich.

a) Hawaiiinseln ______________________

b) Teeei ______________________

c) Schwimmmeisterschaft ______________________

d) Druckerzeugnis ______________________

e) Schrotttransport ______________________

Aufgabe 58

Verkürze diese Wortgruppen mithilfe eines Bindestrichs.

a) einschalten und ausschalten

____

b) Montagnachmittag und Dienstagnachmittag

____

c) Hinfahrt und Rückfahrt

____

d) stadteinwärts und stadtauswärts (2 Möglichkeiten)

____

____

Aufgabe 59

Ergänze bei den folgenden Verbindungen den Bindestrich.

a) A Dur ______________________

b) 100 prozentig ______________________

c) UKW Sender ______________________

d) x mal ______________________

e) 25 jährig ______________________

f) UV Schutz ______________________

g) WC Artikel ______________________

3.7 Straßennamen

1. Zusammenschreibung

Die Namen von Straßen, Plätzen und dergleichen schreibst du zusammen, wenn das **erste Wort** (Bestimmungswort) der Verbindung **nicht gebeugt** wird.
Kurzgasse, **Mozart**straße, **Kanal**ufer, **Schlosser**weg

Beachte: Häufig lautet das zweite Wort (Grundwort) einer Verbindung:
-straße, -gasse, -allee, -platz,
-ufer, -damm, -weg, -graben, -tor, -brücke

2. Getrenntschreibung

Du musst Straßennamen getrennt schreiben, wenn das **erste Wort gebeugt** ist, was du oft an den Endungen *-e*, *-er* und *-isch* erkennst:
Lang**e** Gasse
Ems**er** Weg
Berg**ische** Straße

Getrennt schreiben musst du auch, wenn Straßennamen mit einer **Präposition** gebildet werden. Bis auf den Artikel schreibst du in solchen Verbindungen alle Wörter groß:
Am **G**rünen **U**fer
Unter **d**en **L**inden

3. Schreibung mit Bindestrich

Verbindungen aus **mehrteiligen** Namen oder Bestimmungswörtern schreibst du mit Bindestrich:
Heinrich-von-Kleist-Straße
Konrad-Adenauer-Allee
Geschwister-Scholl-Platz

Aufgabe 60

Bilde Straßennamen.

an den zwei Eichen ________________________

Erich Kästner Weg ________________________

zur alten Festung ________________________

Aufgabe 61

Streiche alle Namen in dieser Bekanntmachung, die falsch geschrieben sind, durch und verbessere sie. Schreibe deine Lösungen nach dem angegebenen Muster auf.

Bekanntmachung

Wegen des Himmelfahrtstages am 26. 05. 2022 wird die Müllabfuhr in der nächsten Woche in den folgenden Straßen auf Freitag, den 27. 05. 2022 verlegt:

Berlinerallee, Hohestraße, Marktplatz, Unterdeneichen, Ratingertor, Kirchplatz, Krummerweg, Mühlenstraße, Neuerrathausplatz, Altekölnerstraße, Schillerplatz, Kurzstraße, Luisenstraße, Rheinpromenade, Bismarckstraße, Kaiserwilhelmallee, Herderstraße, Mertensgasse, Königsallee, Grafadolfplatz, Heinrichheineallee, Theodorheußplatz, Grafenbergerallee, Brehmplatz, Kaiserswertherstraße, Staufenplatz, Amrheinufer

gez.
Der Oberstadtdirektor

A	B	C
zusammen	**getrennt**	**mit Bindestrich**
Marktplatz	*Berliner Allee*	*Kaiser-Wilhelm-Allee*

4 Komma, Semikolon, Doppelpunkt

4.1 Das Komma bei Infinitiv- und Partizipgruppen

Infinitivgruppen

1. Infinitivgruppen musst du durch **Kommas** abgrenzen, wenn sie durch die Wörter *um*, *ohne*, *als*, *(an)statt*, *außer* eingeleitet werden.
   Er stellte seinen Wecker**, um** nicht zu spät zu kommen.

2. Wird die Infinitivgruppe **wieder aufgenommen** oder durch ein **hinweisendes Wort** angekündigt, musst du sie durch ein **Komma** abtrennen. Ebenso steht ein Komma, wenn die Gruppe von einem **Nomen abhängt**:
   Nicht wieder zu verschlafen, **das** hatte er sich fest vorgenommen.
   Er dachte nicht **daran,** *den Wasserhahn zu schließen*.
   Endlich ging ihr **Traum,** *in die Theater-AG aufgenommen zu werden*, in Erfüllung.

3. Ist der Infinitiv **nicht** durch eine nähere Bestimmung **erweitert** oder **fehlt** ein **hinweisendes Wort**, musst du **kein Komma** setzen.
   Der Plan meiner Eltern (,) *umzuziehen* (,) gefällt mir.

   Du kannst aber ein Komma setzen, wenn du den Satz **übersichtlicher gliedern** willst oder **Missverständnisse vermeiden** möchtest.
   Ich rate ihr nicht zu antworten.
   Ich rate ihr, nicht zu antworten.
   Ich rate ihr nicht, zu antworten.

Partizipgruppen

1. Wenn auf eine Partizipgruppe durch ein Wort **hingewiesen** wird, musst du sie durch ein **Komma** vom übrigen Satz trennen:
   Vor Aufregung laut bellend, **so** lief der Hund hinter mir her.
2. Wird die Partizipgruppe als nachgestellter Zusatz **eingeschoben**, wird sie vom übrigen Satz durch **Kommas** getrennt:
   Der Hund lief, *vor Aufregung laut bellend*, hinter mir her.
3. In allen anderen Fällen ist es dir **freigestellt**, ein Komma zu setzen. Du kannst ein Komma setzen, um die **Gliederung des Satzes** deutlich zu machen.
   Vor Aufregung laut bellend (,) lief der Hund hinter mir her.

   Ist die Partizipgruppe nur ein **kleiner Teil** vom Satz, wird sie **nicht** durch ein **Komma** abgetrennt:
   Laut bellend lief der Hund hinter mir her.

Aufgabe 62

Welche Infinitivgruppen musst du durch Kommas abtrennen, bei welchen ist es dir freigestellt, ein Komma zu setzen? Trage die Kommas ein. Setze ein Komma, das nicht unbedingt stehen muss, in Klammern (,).

a) Tim geht in sein Zimmer um zu spielen.

b) Er wagte nicht sich zu rühren.

c) Denk daran den Koffer zu packen.

d) Anstatt sich zu freuen schimpft er nur.

e) Sie fassten den Plan ein Baumhaus zu bauen.

f) Wir bitten das zu wiederholen.

g) Noch einmal schwimmen zu gehen das hatten sie geplant.

h) Er traute sich nicht etwas zu sagen.

i) Es war eure Idee ihn einzuladen.

Aufgabe 63

Unterstreiche die Infinitivgruppen und füge die Kommas ein.

Dustin mag es spannende Bücher zu lesen. Er vergisst nie sich zum Geburtstag oder zu Weihnachten neue Bücher zu wünschen.
Diese dann auf seinem Regal platzsparend zu stapeln das ist seine Lieblingsbeschäftigung. Neulich machte er abends das Licht aus nicht ohne noch ein Buch auf das Regal zu legen. Mitten in der Nacht gab es ein Getöse. Vor Schreck sprang Dustin aus dem Bett. Was war geschehen? Um mehr erkennen zu können machte Dustin das Licht an. All seine Bücher und das Regal auf seinem Bett wiederzufinden das hatte er nicht erwartet. Nun war er einen Teil der Nacht damit beschäftigt sein Bett aufzuräumen. Er würde den nächsten Tag damit verbringen müssen eine neue Unterbringungsmöglichkeit für seine Bücher zu finden.

Aufgabe 64

Lies diesen Text und ergänze die fehlenden Kommas bei den Partizipgruppen.

Laut singend kam Hannah nach Hause. Die Türklinke in der Hand haltend so rief sie nach ihrem Bruder. Dieser seine Musik in dröhnender Lautstärke hörend reagierte nicht. Hannah vor die Wahl gestellt überlegte: Sollte sie Geduld beweisend warten? Oder ihren Bruder nervend in sein Zimmer gehen? Hannah immer Neues ausprobierend hatte eine andere Idee.
Leise kichernd öffnete sie den Sicherungskasten. Schnell hatte sie sich auskennend den richtigen Schalter gefunden. In die überraschende Stille hinein rief sie mit zuckersüße Stimme ein zweites Mal nach ihrem Bruder.

Aufgabe 65

Trage die fehlenden Kommas ein. Setze nur Kommas, die unbedingt stehen müssen.

a) Sie träumte davon ein Star zu werden.

b) Ratlos umherirrend suchte er nach dem Hotel.

c) Völlig entkräftet so schleppte er sich ins Ziel.

d) Ein schnelles Auto zu fahren das war sein größter Wunsch.

Aufgabe 66

Ergänze die fehlenden Kommas.

Nils liebt es ins Kino zu gehen. Den nächsten Film will er, so seinen Geburtstag feiernd mit seinen Freunden sehen. Nun ist er dabei einen spannenden Film auszusuchen. Sein Freund Malte eigentlich Abenteuerfilme bevorzugend, wäre auch damit einverstanden einen Trickfilm zu sehen. Sein Cousin Jonas schlägt vor Filme zu streamen. Er hat die Idee, die Zeit der Feier auszunutzen. Sie könnten zwei Filme sehen statt ins Kino zu fahren. Nils das Kino-Popcorn bereits vermissend kann sich nicht entscheiden. Laut diskutierend kommen sie zu keiner Entscheidung.

4.2 Das Komma bei Appositionen und nachgestellten Erläuterungen

1. Eine **Apposition** ist ein nachgestellter Beisatz, der sich auf ein voranstehendes Nomen oder Pronomen bezieht und es genauer bestimmt. Eine Apposition musst du durch **Komma** vom übrigen Satz abtrennen. Wird sie in den Satz eingeschoben, schließt du sie in Kommas ein:
   Morgen will uns Lisa, *unsere ehemalige Mitschülerin*, besuchen.
2. Eine **nachgestellte Erläuterung** wird meist durch Wörter wie *und zwar, also, nämlich, besonders, insbesondere, vor allem, zum Beispiel* eingeleitet. Du trennst sie durch ein **Komma** vom Hauptsatz. Wird sie in den Satz eingeschlossen, musst du vor und nach der Erläuterung ein Komma setzen:
   Lisa mag knallige Farben, *zum Beispiel rot und gelb.*
   Lisa isst gerne Eis, *vor allem Erdbeer- und Schokoladeneis*, und liest am liebsten Fantasy-Bücher.

Aufgabe 67

Unterstreiche die Appositionen in den folgenden Sätzen und ergänze die Kommas.

a) Der Umzugswagen ein gelber LKW stand den ganzen Nachmittag vor der Haustür.

b) Die Umzugshelfer drei Männer der Umzugsfirma arbeiteten den ganzen Tag.

c) Olaf ein Freund meines Vaters half auch beim Umzug mit.

d) Unser neuer Nachbar ein kleiner, freundlicher Mann begrüßte mich.

e) Das Schiller-Gymnasium meine neue Schule ist zum Glück nur wenige Fußminuten entfernt.

Aufgabe 68

Wähle passende Erläuterung aus und bilde sinnvolle Sätze. Schreibe die vollständigen Sätze mit den richtigen Kommas auf die Linien.

zum Beispiel Tomaten- oder Orangensaft –
vor allem Fußball und Leichtathletik – nämlich erst um 15.00 Uhr

a) *Tim mag viele Sportarten* ______________________________

____

b) *Die Probe beginnt morgen später* ______________________________

____

c) *Julian trinkt am liebsten Fruchtsäfte* ______________________________

____

Aufgabe 69

Lies diese Sätze und ergänze die fehlenden Kommas.

a) Sina frühere Klassensprecherin der 8d ist 15 Jahre alt.
b) Lore isst gerne frische Lebensmittel insbesondere Obst und Gemüse.
c) Meine Taschenuhr ein Erbstück meines Opas ist uralt.
d) Wir treffen uns morgen Nachmittag und zwar im Eiscafé am Stadtpark und gehen dann gemeinsam ins Kino.
e) Nudeln schmecken am besten, wenn sie al dente also bissfest gekocht sind.
f) Frau Winter 45 Jahre ist seit diesem Sommer Schulleiterin.
g) Das Internet ein weltumspannendes Kommunikationsnetz ist für alle Menschen unentbehrlich geworden.
h) „Tintenherz“ das berühmte Buch von Cornelia Funke ist sehr spannend.

Üben

Testen

Diktate

4.3 Das Komma bei Zeit- und Ortsangaben

1. Bei mehrteiligen Zeit- oder Ortsangaben trennst du die einzelnen Angaben mit einem **Komma** voreinander:
   Wir treffen uns am Montag, den 24. September.
   Sie wohnen in Berlin, Meisenweg 76.
2. Schreibst du den Satz nach einer Zeit- oder Ortsangabe weiter, musst du nach der letzten Angaben **kein Komma** setzen:
   Die Chorprobe findet am Donnerstag, den 24. Oktober (,) statt.

Aufgabe 70

Setze die fehlenden Kommas. Klammere Kommas, die nicht unbedingt stehen müssen, ein (,).

a) Meine Brieffreundin wohnt in Bonn Königsallee 23.

b) Wir treffen uns am Freitag in Köln Stadtbücherei am Josef-Haubrich-Ring.

c) Meine Tante hat eine vornehme Adresse: Sie wohnt in London Notting Hill.

d) Die Besprechung findet am Dienstag 9.30 Uhr statt.

e) Wir treffen uns bei Peter in Hamburg Krabbenweg 14.

f) Anne kann leider erst später kommen, da sie bis Freitag den 17. August im Urlaub ist.

g) Ihr Flieger landet am Donnerstagabend 22.00 Uhr in Stuttgart.

h) Ich lade euch ein, meinen Geburtstag am Montag den 13. Februar von 15.00 bis 19.00 Uhr im Spaßbad Neptunus Aquastr. 10 in Wasserstadt mit mir zu feiern.

i) Am Freitag den 5. Mai schreiben wir von 9.00 bis 10.00 Uhr einen Chemie-Test in Raum 9 erster Stock Altbau.

4.4 Semikolon und Doppelpunkt

Semikolon (Strichpunkt)

Das Semikolon kann zwischen gleichrangigen (nebengeordneten) Sätzen und Wortgruppen stehen. Mit dem Semikolon kannst du eine **Aufzählung** so **gliedern**, dass verwandte Begriffe in Gruppen entstehen. Es trennt die Aufzählung stärker als ein Komma und schwächer als ein Punkt voneinander:
Sie hatte überall gesucht**;** sie war in jedes Zimmer gegangen**;** doch der Schlüssel blieb verschwunden.
Er isst gerne Pfirsiche und Kirschen**;** Pasta und Pommes frites.

Beachte: Das erste Wort nach einem Semikolon schreibst du mit einem kleinen Anfangsbuchstaben, wenn es kein Nomen oder Eigenname ist.

Doppelpunkt

1. Ein Doppelpunkt leitet die **wörtliche Rede** ein und steht nach dem Redebegleitsatz:
   Er rief**:** „Kommt schnell her!"
2. Der Doppelpunkt leitet häufig auch **Aufzählungen**, **Zusammenfassungen** oder **Schlussfolgerungen** ein:
   Die Monatsnamen heißen**:** Januar, Februar, März …
   Pflaumen, Kirschen, Pfirsiche**:** Diese Obstsorten gehören zum Steinobst.
   Alle liefen plötzlich weg**:** Da musste etwas passiert sein.
3. Wenn vor einer Aufzählung z. B. die Wörter *besonders, nämlich, wie, zum Beispiel, das heißt, also, und zwar, unter anderem* stehen, musst kein Doppelpunkt stehen. In diesen Fällen setzt du besser ein Komma.
   Er isst gerne Steinobst**,** besonders Pflaumen, Kirschen und Pfirsiche.

Beachte: Nach einem Doppelpunkt schreibst du groß weiter, wenn ein selbstständiger Satz folgt.

Aufgabe 71

Finde die passenden Paare und schreibe sie auf. Trenne sie jeweils mithilfe eines Semikolons.

a)	Die Klassenfete war total gut	deshalb konnte ich heute nicht in die Schule gehen.
b)	Ich habe Grippe	ich mache mich deshalb schick.
c)	Mein Freund hat mich ins Kino eingeladen	ich habe den ganzen Abend getanzt.

a) ______________________________

____

b) ______________________________

____

c) ______________________________

____

Aufgabe 72

Was ist sinnvoller, ein Semikolon oder ein Komma? Setze ein.

a) Robins Reisegepäck bestand aus Fahrkarte und Reisepass Essen und Trinken Schlafsack und Isomatte Kamera Ersatzwäsche Handy und einem Foto seiner Liebsten.

b) In unserem Ferienhotel gab es ein fantastisches Büffet. Es bestand aus: Salami und Schinken Gouda Emmentaler und Bergkäse Marmelade Nuss-Nugat-Aufstrich und Honig Kaffee und Tee Melone Ananas Erdbeeren und Bananen.

Aufgabe 73

Lies diesen Text. An welchen Stellen können oder müssen Doppelpunkte stehen? Trage sie ein.

Tom schreit „Hey, drängelt doch nicht so." Die Drängler sind seine Klassenkameraden Lars, Tobias, Mario, Marco. Die Pausenglocke dröhnt, Stühle fallen um, Mädchen kreischen, Jungen brüllen quer über den Schulhof Das ist der Lärm des Schulhofes. Erst gestern hatte der Schulleiter deshalb alle versammelt die SMV, den Lehrerrat, den Elternbeirat. Ihr Beschluss lautete Eine gemeinsame Hofpause gibt es bald nicht mehr.

Aufgabe 74

Nicht alle Doppelpunkte in diesem Text sind richtig gesetzt. Markiere die falschen Doppelpunkte.

In den unteren Klassen gab es mal wieder Streit. Deshalb mussten die vier Schüler aus den Klassen: 8c und 8d in Aktion treten. Sie waren Streitschlichter und zu ihnen gehörten: Dennis, Marcel, Jakob, Robin. Im letzten Jahr hatten sie alles gelernt, was für eine Schlichtung in der Pause notwendig ist, wie zum Beispiel: einander ausreden lassen, zuhören und keine Beschimpfungen. Die Schule hat dafür extra einen Raum eingerichtet. Ihn können auch andere nutzen, nämlich: die Klassensprecherinnen und Klassensprecher, die Lehrenden und kranke Kinder. Seine Ausstattung: ein runder Tisch, vier Stühle, Regelplakate an der Wand, Taschentücher. Manchmal fließen hier nämlich auch: Tränen.

1 Gleich und ähnlich klingende Laute

Test 1

Finde die 10 Fehler, die Fridolin in seinem Diktat gemacht hat. Schreibe die Wörter verbessert auf.

Die zerbrochene Fase
Mutter hat eine vertwolle Fase. Die stammt noch aus der Zeit ihres Urgroßfaters, der sie wiederum von seinem Fetter zum Geburtstag geschenkt bekommen hat. An einem Fomittag war Luca unforsichtig und stieß an die Fase, sodass sie zerbrach und in fiele, kleine Scherben zerviel. So ein Pech!

Test 2

Finde Wörter mit gleicher oder entgegengesetzter Bedeutung.

a) So leicht wie eine ________eder

b) nicht scharf, sondern stum________

c) nicht hell, sondern dum________

d) so eitel wie ein ________au

Test 3

Welche Wörter mit *f* oder *ph* werden hier gesucht? Trage die fehlenden Buchstaben ein und schreibe die Wörter, wo es möglich ist, mit *f*.

a) Unheilvolles Ereignis Katastro________e

b) Meeressäuger Del________ine

c) Jurastudenten müssen sie büffeln Paragra________en

d) Naturlehre ________ysik

Test 4

Füge *d* oder *t* ein.

a) Sein Entschluss war en______gültig.

b) Das ist ein to______sicherer Tipp.

c) Der Film war en______setzlich langweilig.

d) Über den Witz hätten wir uns am liebsten to______gelacht.

e) Das ist eine to______ernste Angelegenheit.

f) Das ging en______schieden zu weit.

g) Die Läufer legten einen tollen ______spurt hin.

h) Der Wasserkocher muss ______kalkt werden.

i) Dein Schal ist ______schick!

j) Am liebsten würde er die Angelegenheit ______schweigen.

k) Aus aktuellem Anlass ______fällt die folgende Dokumentation.

Test 5

Bilde sinnvolle Aussagen, indem du *seid* oder *seit* ersetzt.

a) Julians Mathenoten sind viel besser geworden, ____________ ihm Niklas bei den Hausaufgaben hilft.

b) ____________ morgen bitte pünktlich!

c) ____________ 2010 veranstaltet die Schule jedes Jahr einen großen Weihnachtsbasar.

d) Ich glaube wirklich, ihr ____________ nicht ganz bei Trost!

Test 6

Löse die Rätsel und schreibe die richtigen Wortbestandteile in die Lücken.

a) Sie lebt zum Beispiel in Berlin — Groß__________erin

b) New York ist eine — Welt__________

c) Dort werden kaputte Dinge repariert — Werk__________

d) Hier kann man Bücher ausleihen — __________bücherei

e) Das Kürzel „Kita" steht für — Kindertages__________

f) Ein anderes Wort für „sich ereignen" — __________finden

Test 7

In diesem Tagebucheintrag gibt es acht Fehler bei der Schreibweise von *das* und *dass*. Unterstreiche sie und schreibe die Wörter verbessert an den Rand.

Mittwoch, 13. November

Heute bekommen wir das Diktat wieder, dass wir letzten Montag geschrieben haben. Dass das nicht das beste Ergebnis sein wird, dass kann ich mir jetzt schon denken. Am Montag war ich nämlich so müde, das ich kaum aus den Augen schauen konnte. Am Abend zuvor war das Konzert der „Toten Hosen". Es war das Beste, was ich jemals erlebt habe. Dass es mir die Eltern überhaupt erlaubt haben, dorthin zu gehen, dass hat mich sowieso erstaunt. Aber leider konnte ich mein Versprechen nicht einhalten, dass ich pünktlich um 23.00 Uhr zu Hause sein würde. Dafür, das das Konzert erst mit einstündiger Verspätung begann, konnte ich aber nichts. Und eigentlich kann doch niemand von mir verlangen, dass ich dann vor dem Ende gehe! Aber mach dass mal meinen Eltern klar. Dass war vielleicht ein Theater, als ich das Wohnzimmer um halb eins betrat. Jetzt kann ich nur hoffen, das mein Diktat nicht auch „in die Hosen" gegangen ist, denn dann ist das nächste Konzert todsicher gestrichen.

Test 8

Vervollständige die Wörter mit *i* oder mit *ie*.

a) Frau Müh sagt immer, alles in der Geschichte würde sich stets w______derholen.

b) W______dersehen macht Freude, sage ich immer, wenn sich Zoé einen Stift von mir ausleiht.

c) W______der Willen musste ich mit zu diesem langweiligen Besuch.

d) Mein Opa wurde so streng erzogen, dass er keinem Erwachsenen w______dersprechen durfte.

e) So ein schreckliches Erlebnis sollte niemandem w______derfahren.

f) Amelie möchte sich w______der für die Foto-AG anmelden.

g) Die Klette besitzt viele kleine W______derhaken.

2 Groß- und Kleinschreibung

Test 9

Entscheide, ob groß- oder kleingeschrieben werden muss, und trage die richtigen Buchstaben in die Lücken ein.

a) Der Vorhang ist aus ______hinesischer Seide hergestellt.

b) Jedes Jahr aufs Neue ist das ______ünchener Oktoberfest ein Publikumsmagnet.

c) Der ______stfälische Schinken schmeckt sehr gut.

d) Die ______chwäbische Alb ist ein Mittelgebirge in Süddeutschland.

e) Die ______elgische Hauptstadt heißt Brüssel.

f) Die ______ächsische Schweiz liegt nahe Dresden.

Test 10

Streiche das falsch geschriebene Adjektiv jeweils durch. Lass beide Adjektive stehen, wenn sowohl Groß- als auch Kleinschreibung möglich ist.

a) Karl der **große / Große** war König der Franken.

b) Karl, der **große / Große** Fußballer, wurde auch König der Stürmer genannt.

c) Er malt das Brett **schwarz / Schwarz** an.

d) Wir haben neuerdings ein **schwarzes / Schwarzes** Brett.

e) Die **römischen / Römischen** Straßen sind breit und lang.

f) Das **römische / Römische** Reich existierte über 1000 Jahre.

Test 11

Schreibe die folgenden Sätze ab und ersetze dabei die Ziffern durch Zahlwörter.

a) Morgen feiert Mario seinen 14. Geburtstag.

___

b) Jeder 2. zieht 3 Lose.

___

c) Die Sendung beginnt um 9 Uhr 20.

___

d) Sie hatte eine 1 in der 2. Prüfung.

___

e) Sie übte jeden 3. Tag, um 1. zu werden.

___

f) Ich muss in einer ¼ Stunde aufbrechen.

___

Test 12

Löse die Wörterschlangen auf und schreibe die Angaben richtig auf.

a) ETWAZEHNMILLIARDEN ___

b) EINDRITTELDERBEVÖLKERUNG ___

c) ZWEITAUSENDEURO ___

d) JEDESVIERTEKIND ___

e) AMZEHNTENMAI ___

f) ALSDRITTER ___

Test 13

Entscheide dich für die richtigen Anfangsbuchstaben.

Die Party begann am Freitag spät ______**(a/A)**bends, erreichte ihren Höhepunkt tief in der ______**(n/N)**acht, sodass die Gäste bis zum ______**(m/M)**orgen wach blieben und erst ______**(m/M)**ittags ins Bett fielen. Am ______**(s/S)**onntagmorgen waren dann alle wieder recht fit, frühstückten ausgiebig und fuhren ______**(n/N)**achmittags nach Hause.

Test 14

Werden die Farbbezeichnungen groß- oder kleingeschrieben? Schreibe sie richtig in die Lücken.

a) Seine Bemerkung traf ins ________________. **(SCHWARZ)**

b) Fabian hatte keine Lust aufs Handballtraining und machte ________________. **(BLAU)**

c) Am Wochenende fahren sie ins ________________. **(GRÜN)**

d) Die Ampel sprang auf ________________. **(ROT)**

e) Die Wände waren in leuchtendem ________________ gestrichen. **(GELB)**

Test 15

Ergänze die Sprachbezeichnungen in der richtigen Schreibung.

a) Tanja lernt ______________________. **(FRANZÖSISCH)**

b) Sie sprachen auf ______________________ miteinander. **(SPANISCH)**

c) Meine Mutter kocht gerne ______________________. **(CHINESISCH)**

d) Der Brief ist in ______________________ geschrieben. **(ITALIENISCH)**

e) Auf dieser Schule sprechen alle ________________ miteinander. **(ENGLISCH)**

Test 16

Trage die richtigen Anfangsbuchstaben ein. Schreibe, wo es möglich ist, klein.

Gestern haben meine Eltern Frau Huber das **(d/D)** ______u angeboten, weil sie die **(e/E)** ______inzige in unserem Haus war, die wir noch siezten. Später tat es uns jedoch **(l/L)** ______eid, denn sie begann sofort, alles Mögliche zu erzählen, was uns gar nicht interessierte. Wir erfuhren sofort die Lebensgeschichten aller Hausbewohner bis ins **(e/E)** ______inzelne. Die **(m/M)** ______eisten Mitbewohner neigten ihrer Meinung nach entweder zu übermäßigem Alkoholgenuss, **(v/V)** ______iele seien arbeitsscheu oder vernachlässigten ihre Kinder, **(e/E)** ______tliche putzten ihre Fenster selten und das Treppenhaus nie und der **(e/E)** ______ine oder **(a/A)** ______ndere versäume es, die Miete zu bezahlen. Mit **(n/N)** ______iemandem war Frau Huber einverstanden.

Nach einer geschlagenen Stunde konnten wir ihr mit **(a/A)** ______ch und **(k/K)** ______rach entkommen. Jetzt stellen wir uns im **(v/V)** ______oraus darauf ein, dass sie über uns sicherlich auch Unangenehmes verbreiten wird. Bestimmt wissen bald **(a/A)** ______lle, dass ich meine Lieblingssongs gerne laut in der Badewanne singe.

3 Getrennt- und Zusammenschreibung

Test 17

Vervollständige diese Sätze. Verwende dafür die angegebenen Verben und setze sie in der richtigen Form und Schreibung ein.

werden – glänzen – stützen – bestehen – rasen
rauchen – machen – werden

a) Nicola hatte die Prüfung ______________ ______________.

b) Das Hundegebell wird meine kleine Katze noch ganz

______________ ______________.

c) In diesen Räumen darf nicht ______________

______________.

d) Der Spieler hatte sich den Fuß verknackst und musste

______________ ______________.

Test 18

Forme die vorgegebenen Infinitive in die jeweils passende Verbform um und bilde so sinnvolle Sätze. Schreibe die Sätze auf.

a) Mein Vater hat das Essen **(zubereiten)**.

b) Ich freue mich schon darauf, euch alle **(wiedersehen)**.

c) Die Brücke war beschädigt; wir sind nicht **(hinübergehen)**.

d) Sie haben sich **(vordrängeln)**!

e) Claudia, **(anrufen)** mich doch bitte morgen.

f) Alle hatten Durst und **(bestellen)** sich etwas zu trinken.

g) Ein Zeuge berichtete: „Der Dieb **(wegrennen)** und **(verschwinden)** in der Menschenmenge."

Test 19

Dieser Text enthält drei Rechtschreibfehler. Unterstreiche sie und schreibe die Wörter verbessert auf.

Ich muss ja nicht gleich ein Pop-Star sein, aber gut aussehen und berühmtsein wäre schon klasse. Dann würde ich ständig umringtsein von vielen männlichen Fans, würde gut verdienen und in meiner Villa ein sorgloses Leben führen. Ich würde ja auch schon mit nur einer Villa zufriedensein.

______________________ ______________________ ______________________

Test 20

Bilde mithilfe der Wörterliste sinnvoll zusammengesetzte Adjektive.

hell – anständig – tief – laut – klein – traurig – hoch – wach

________________________________ ________________________________

________________________________ ________________________________

Test 21

Bilde zusammengesetzte Adjektive, die den Sinn der folgenden Vergleiche in einem Wort wiedergeben.

a) So schwer wie Blei ________________________________

b) So rot wie Feuer ________________________________

c) So schnell wie ein Pfeil ________________________________

d) So scharf wie ein Messer ________________________________

e) So weiß wie Schnee ________________________________

Üben
Testen
Diktate

Test 22

Bilde mithilfe der vorgegebenen Verben und Adjektive zusammengesetzte Adjektive.

a) reißen + fest → ______________________

b) glauben + würdig → ______________________

c) quietschen + vergnügt → ______________________

d) treffen + sicher → ______________________

Test 23

Trage die eingeklammerten Wortgruppen in der richtigen Form und Schreibung in die Lücken ein.

a) Das ______________________ Glas fiel zu Boden. **(RANDVOLL)**

b) Er ist ein recht ______________________ Mensch. **(LEICHTGLÄUBIG)**

c) Das Model hatte ______________________ Haar. **(GLÄNZENDDUNKEL)**

d) Die Nacht war ______________________. **(RABENSCHWARZ)**

e) Der Moderator ist sehr ______________________. **(SCHLAGFERTIG)**

Test 24

Welche Schreibung ist auch möglich? Trage die Wortgruppen anders geschrieben in die Lücken ein.

a) ein Furcht einflößendes / ______________________ Knurren

b) die Öl fördernden / ______________________ Staaten

c) viele Rat suchende / ______________________ Mitbürger

d) ein Funken sprühendes / ______________________ Feuerwerk

e) ein Feuer speiender / ______________________ Vulkan

Test 25

Wähle sinnvolle Zusammensetzungen aus. Schreibe sie getrennt und in der richtigen grammatischen Form in die Lücken.

ernstgemeint – dichtbewachsen – wildlebend – schwachbevölkert

a) In den ________________ ________________ Gebieten Russlands leben zahlreiche ________________ ________________ Tiere.

b) Es gibt ________________ ________________ Vorschläge, auch ausgerottete Tiere wie den Bären und den Luchs wieder in den ________________ ________________ Wäldern Mitteleuropas anzusiedeln.

Test 26

Schreibe die vorgegebenen Wortverbindungen richtig in die Lücken.

a) Hat ______________________ mein Lineal gesehen? **(IRGENDJEMAND)**

b) ______________________ ich weiß, werden sie morgen nach Hamburg fahren. **(SOWEIT)**

c) ______________________ Tracks sind auf der CD? **(WIEVIELE)**

d) Lotte fragt, ______________________ der Film noch dauern wird. **(WIELANGE)**

e) Damit ist Tom ______________________ ______________________ gegangen! **(EINDEUTIG / ZUWEIT)**

f) ______________________ werden wir uns schon zurechtfinden. **(IRGENDWIE)**

g) ______________________ dazu! **(SOVIEL)**

Üben
Testen
Diktate

Test 27

Schreibe die Wörter mit Bindestrichen.

Gewinnnummer ______________________

Schneeeule ______________________

Test 28

Verkürze diese Wortgruppen mithilfe des Bindestrichs.

Volleyball und Handball ______________________

Küchenstühle und Küchentische ______________________

aufklappen und zuklappen ______________________

Test 29

Bilde mithilfe der Vorgaben sinnvolle Verbindungen.

16 – DVD – i

__________Tüpfelchen __________jährig __________Recorder

Test 30

Wie werden diese Straßennamen richtig geschrieben?
Schreibe deine Lösungen auf.

a) HÜTTENWEG
b) STUTTGARTERPLATZ
c) AMKLEINENGRABEN
d) FRIEDRICHSCHILLERALLEE
e) MÄRKISCHESUFER
f) DROSSELGASSE

____

____

____

____

4 Komma, Semikolon, Doppelpunkt

Test 31

Bilde mithilfe der Vorgaben Satzgefüge, die jeweils aus einem Hauptsatz und einer Infinitivgruppe bestehen. Schreibe die Sätze auf und denke dabei auch an die Kommas.

a) Ich gehe zum Tennisplatz / trainieren / um

Ich gehe zum Tennisplatz, um …

b) Ich trainiere / so erfolgreich wie berühmte Tennis-Stars werden / um

c) Täglich stehe ich auf dem Tennisplatz / mich mit meiner Clique treffen / anstatt

d) Meine Freunde unterstützen mich / murren / ohne

e) Ich verspreche ihnen / sie nach Wimbledon einladen

Test 32

Trage die fehlenden Kommas ein. Setze nur die Kommas, die unbedingt stehen müssen.

a) Konzentriert auf alle Fallen achtend bearbeitete sie die Aufgabe.

b) Ein spannendes Buch lesend bemerkte sie nicht, dass das Telefon klingelte.

c) Mit vielen Infos ausgestattet so gingen die Schülerinnen und Schüler auf Klassenfahrt.

d) Dann endlich in Berlin angekommen besuchten wir das Brandenburger Tor.

Üben
Testen
Diktate

Test 33

Ergänze die fehlenden Kommas.

a) Der Medienraum gerade neu eingerichtet ist in unserer Schule besonders in der Mittagspause sehr beliebt.

b) Viele Schülerinnen und Schüler verwenden Informationen aus dem Netz meistens für den Biologieunterricht.

c) Herr Finder der Aufsichtslehrer passt auf, dass wir keine verbotenen Seiten anschauen.

d) Laut einer Umfrage wollen die Schülerinnen und Schüler vor allem ältere den Medienraum auch nach der Mittagspause gerne nutzen.

Test 34

Markiere in diesem Bericht alle Kommas, die nicht unbedingt stehen müssen.

War das ein schrecklicher Sturm gestern Abend am Bodensee! Er kündigte sich zwar schon am Mittwoch, den 28. Oktober, an, aber mit dieser Stärke rechneten die Meteorologen nicht. Gegen Vormittag, 11.00 Uhr, gab die Stadt Konstanz ihre erste Sturmwarnung heraus. Dennoch konnte man bis zum Nachmittag, 16.00 Uhr immer noch einige Schiffe auf dem See entdecken. In Überlingen wurde der Fährverkehr bereits am 29. Oktober, 8.00 Uhr, eingestellt.

Test 35

Welche dieser Aussagen treffen auf den Doppelpunkt, welche auf das Semikolon zu? Schreibe jeweils die richtige Bezeichnung in die Lücken.

a) Die wörtliche Rede wird mit einem ______________________ eingeleitet.

b) Eine Aufzählung kann mit einem ______________________ eingeleitet werden.

c) Mit einem ______________________ kann man Zusammenfassungen oder Schlussfolgerungen einleiten.

d) Mit dem ______________________ kann man die Aufzählung gleichrangiger Sätze oder Wortgruppen übersichtlich gliedern.

e) Nach dem ______________________ schreibt man groß weiter, wenn ein selbstständiger Satz folgt.

f) Nach einem ______________________ schreibt man immer klein weiter, wenn kein Nomen oder Eigenname folgt.

Üben

Testen

Diktate

1 Gleich und ähnlich klingende Laute

1 Eine schwierige Arbeitswelt

Valentins Vater fährt mindestens einmal im Monat auf **Geschäftsreise**. Das **viele** Reisen geht ihm manchmal schon auf die **Nerven**, aber heutzutage kann man sich das nicht aussuchen. Er kann ja **froh** sein, überhaupt einen Arbeitsplatz zu haben. Das geht manchmal **vielleicht** auf Kosten der **Familie**, aber wenn er kein Geld **verdient**, geht es seiner **Familie** erst recht schlecht.

Das weiß er doch **von** seinem **Vetter** Andreas, der bereits seit **vier** Monaten arbeitslos ist. **Freudensprünge** macht der keine mehr. **Vielmehr verbringt** er seine Zeit damit, Bewerbungen zu **formulieren** und Bewerbungsgespräche zu **führen**. Neulich hat er sich sogar als **Detektiv** beworben – leider **erfolglos**. Hoffentlich hat er bald **viel** Glück.

Wörteranzahl: 132

→ Seite 112 – 115, Aufgabe 1 – 7

2 Ohren in Gefahr

Immer wieder ist in der Zeitung zu lesen, **dass** laute Musik den Ohren schadet. **Das** weiß auch Jonas. Trotzdem dreht er manchmal seine Anlage, die ihm seine Oma zu Weihnachten geschenkt hat, so laut auf, **dass** die Wände wackeln. Er ist sich sicher, **dass** sein Gehör **das** gut verkraften kann. Schließlich ist er ja noch so jung, **das** ist dann nicht so schlimm. Außerdem macht er **das** ja nicht immer so.

Allerdings vermutet er, **dass** seine Oma noch nie Zeitung gelesen hat, denn sie ist stark schwerhörig. Entweder hat sie immer zu laut Radio gehört oder sie war zu oft in der Disco. **Das** ist doch klar.

Wörteranzahl: 107

→ Seite 120, Aufgabe 14 – 15

3 Blankes Entsetzen

Wir **entschieden** uns, um 15.00 Uhr auf den Rummel zu gehen und uns vor dem Kettenkarussell zu treffen. Es war schon eine **Viertelstunde** nach der **vereinbarten** Zeit, als **endlich** Merle erschien. Sie **entschuldigte** sich wortreich und sagte, **dass** ihr unser Treffpunkt zwischenzeitlich **entfallen** sei. Aber jetzt sei sie ja da. Wir **fassten** den **Entschluss**, zuerst die Geisterbahn aufzusuchen. Mutig besetzten wir zwei Gondeln, und dann ging es los.

Wir **fürchteten** uns erst einmal nicht die Bohne und **fanden** alles wenig **entsetzlich** – bis zu dem Punkt, an dem sich unsere erste Gondel **verhakte** und mitten in der Geisterbahn stehen blieb. Merle machte gerade noch einen Scherz über die Technik, und dann wurde es ganz ruhig. Nichts ging mehr. Wir warteten 10 Minuten, niemand erschien.

„**Entschuldigt** bitte die Störung, aber wir haben einen Stromausfall", sagte da eine **tiefe**, **dumpfe** Stimme, und wir schrien alle laut auf: Neben uns stand ein **Vampir**, ziemlich bleich, mit einer **Blutkonserve** unter dem Arm und mit einer Taschenlampe. „**Folgt** mir bitte." Wir sagten lieber mal gar nichts.

Am **Endpunkt** angekommen, **freuten** wir uns, **dass** wir die Nachmittagssonne **wiedersahen**. Da machten wir die **Entdeckung**, **dass** uns der Geisterbahnbesitzer persönlich, allerdings als **Vampir verkleidet**, hinausbegleitet hatte. **Das** war dann doch ein ganz schön gruseliges Erlebnis.

Wörteranzahl: 207

→ Seite 112 – 121, Aufgabe 1 – 17

2 Groß- und Kleinschreibung

4 Der Kampf um den Pfeffer

Heute kannst du in jedem Lebensmittelgeschäft **weißen**, **grünen** und **schwarzen** Pfeffer kaufen. Er war nicht immer so einfach zu bekommen. Jahrhundertelang wurden erbitterte Kämpfe um den **indischen** Pfeffer geführt. Im Mittelalter konnten sich nur die Reichen dieses Gewürz leisten, denn die Preise dafür waren „gepfeffert". Die **arabischen** und die **venezianischen** Kaufleute wurden reich daran. Das ärgerte nicht nur die **Lübecker** und **Frankfurter** Kaufleute sehr, sondern die Händler aus ganz Europa. So wurde immer wieder heftig um das Verkaufsrecht gekämpft.

Das hatte erst ein Ende, als fast alle **europäischen** Länder Kolonien in Übersee hatten, wo sie den Pfeffer dann selbst anbauen konnten. Übrigens, alle Pfeffersorten kommen vom gleichen Pfefferstrauch.

Wörteranzahl: 108

→ Seite 122 - 124, Aufgabe 18 - 21

5 Ein Besuch in Berlin

In den Ferien waren meine Eltern und ich für einen Tag zu Besuch in Berlin. Wir wollten uns Sehenswürdigkeiten anschauen, die wir bislang nur aus dem Fernsehen kannten. Zuerst waren wir am **Brandenburger** Tor, dem Wahrzeichen der Stadt. Während des **Kalten** Krieges verlief dort die Grenze zwischen Ost und West, heute ist es Symbol der Wiedervereinigung.

Vorbei an der **amerikanischen** Botschaft, ging es weiter zum Regierungsviertel. Dort habe ich von dem Reichstagsgebäude, dem Sitz des **Deutschen** Bundestags, mit meiner Kamera viele Aufnahmen gemacht. Nach einem Imbiss in einem **französischen** Bistro sahen wir uns noch das **Rote** Rathaus an. Es verdankt seinen Namen den roten Klinkersteinen an seiner Fassade und ist Sitz des **Regierenden** Bürgermeisters von Berlin.

Danach mussten wir leider wieder abreisen. Wir haben uns aber vorgenommen: Beim nächsten Mal besuchen wir die **Internationale Grüne** Woche und den **Zoologischen** Garten. Dann trage ich auch mein neues Cap mit dem **Berliner** Bären darauf.

Wörteranzahl: 156

→ Seite 122 - 124, Aufgabe 18 - 21

6 Was für ein Tag!

„Pia, es ist **halb sieben**, aufstehen!", rief es von unten. „Heute ist der **letzte** Schultag."

Als **Erstes** wachte ich heute früh schon mit Bauchschmerzen auf. Zum Frühstück war die Milch sauer, und dann verpasste ich auch noch den Bus. Die Linie **sechs** war ohne mich abgefahren, so musste ich die **Vier** nehmen und kam zu spät zur Schule. Wo war denn meine Klasse? Ach du Schreck, ich hatte vergessen, dass wir heute in Raum **zehn** eine kleine Abschlussfeier machen wollten, und zu guter **Letzt** gab es auch noch Zeugnisse. So ein schwarzer Tag! War heute etwa Freitag der **Dreizehnte**?

Wie schön war doch dagegen die Grundschule, in der ich nur **Einsen** und **Zweien** hatte. Aber jetzt in der **siebten** Klasse sind **Dreien** und **Vieren** an der Tagesordnung. Hoffentlich ist keine **Fünf** dabei: In Biologie stehe ich auf **vier** Komma **fünf**, doch zum Glück zählt das Mündliche ein **Drittel**, so werde ich es gerade noch schaffen.

Wörteranzahl: 155

→ Seite 125 – 127, Aufgabe 22 – 26

7 Tagesablauf eines Popstars

Wenn sich Sascha aus dem Bett erhebt, ist es bereits **Mittag**. Die meisten Menschen haben bis dahin ihren halben Arbeitstag hinter sich. Wenn man bedenkt, um welche Uhrzeit ein armer Schüler **morgens** das Bett verlassen muss, könnte man schon neidisch werden. Man beachte außerdem, dass viele Musiksendungen erst am **Abend** ausgestrahlt werden, besagter Schüler **abends** spät ins Bett kommt und des **Nachts** schlecht schläft, weil er von der Klassenarbeit am nächsten **Morgen** träumt.

Popsänger Sascha hat um ein Uhr **mittags** seinen ersten Termin: eine Besprechung mit dem Manager. Am frühen **Nachmittag** würde er gerne ins Studio gehen, aber der Werbevertrag muss neu ausgehandelt werden. Sascha macht **freitags** immer Krafttraining, für das er heute **Nachmittag** allerdings nur wenig Zeit hat. Diesen **Freitagabend** steht nämlich ein Fernsehtermin im Kalender, für den er **nachmittags** um fünf schon in der Maske sein soll. Erst nach **Mitternacht** sinkt er schließlich müde und erschöpft ins Bett.

Wörteranzahl: 150

→ Seite 128 – 129, Aufgabe 27 – 28

Üben

Testen

Diktate

3 Getrennt- und Zusammenschreibung

8 Die Tasche im Teich

Briefträger Leopold konnte **rückwärtssingen** und **seitwärtsgehen** und dabei die Post **verteilen**. Kurz vor Ostern war er dummerweise mit Frau Förster **aufeinandergeprallt**. Die beiden hatten wohl nicht **aufeinander geachtet**. Sie hing an der Leine ihres Hundes Beethoven, der abhauen wollte. Frau Förster **vollbrachte** das Kunststück, vorwärts über den Gartenzaun zu segeln und dabei die Einkaufstasche **festzuhalten**. Sie flog sicher über das Gemüsebeet, auf dem Beethoven seine Spuren **hinterlassen** hatte. Kurz vor dem Aufprall im Komposthaufen konnte sie ihre Tasche **abwerfen**. Diese landete sicher im Goldfischteich. „Die Eier dürften **hinüber sein**", kicherte Frau Förster, „aber die Landung muss mir erst einmal jemand **nachmachen**!"

Wörteranzahl: 101

→ Seite 136 – 142, Aufgabe 37 – 46

9 Wird Süditalien zur Wüste?

In den letzten Jahren ist so viel von Klimaveränderung und Treibhauseffekt die Rede, dass sich jeder mit dem Thema **auseinandersetzen** muss. Fast allen von uns sind die groben Zusammenhänge der Erderwärmung bekannt: Auf der gesamten Welt, vor allem aber in den Industrieländern werden täglich jede Menge Abgase **ausgestoßen**, die eine ähnliche Wirkung haben wie das Glasdach eines Treibhauses. Sie lassen die **kurzwelligen** Sonnenstrahlen **hindurchkommen**, aber die **langwelligen** Strahlen können nicht genügend **entweichen**. Dadurch kommt eine Erwärmung der Luftschichten zustande, deren Hauptverursacher Wasserdampf, Kohlendioxid und Ozon sind. Kraftwerke, Industrie, Haushalte und Verkehr haben den größten Anteil am Ausstoß von Kohlendioxid in Deutschland.

Seit etwa 100 Jahren ist die Durchschnittstemperatur um ein Grad Celsius angestiegen. Das Schmelzen der polaren Eiskappen wird den Meeresspiegel steigen lassen. Im Norden Europas wird es mehr regnen als im Süden. Süditalien könnte tatsächlich zu einem **wüstenähnlichen** Gebiet werden.

Wörteranzahl: 143

→ Seite 136 – 145, Aufgabe 37 – 50

10 Große Einkaufszentren auf dem Land

Immer häufiger findet man auf dem Land zwischen den Gemeinden riesige Einkaufszentren mit großen Parkplätzen. Dort kannst du in großen Hallen die verschiedensten **Fleisch-** und **Wurstwaren**, unzählige **Käse-** und **Brotsorten** und sonstige Lebensmittel kaufen. Gleich daneben findest du Möbellager mit **Küchen-** und **Wohnzimmermöbeln**. Sie führen alle möglichen Arten von **Schlaf-** und **Kinderzimmern** und sämtliche Sachen für Bäder und Flure. Während ihre Kinder in **Spiel-** und **Malstuben** beschäftigt sind, können die Eltern dort in Ruhe die Möbel betrachten.

Besonders häufig sieht man außerhalb der Ortschaften große und kleine Gartencenter. Dort können unter anderem **Nutz-** und **Zierpflanzen**, **Garten-** und **Campingmöbel** und je nach der Jahreszeit **Weihnachts-** oder **Osterschmuck** gekauft werden. Manche bieten sogar Springbrunnen und Fische an.

Wörteranzahl: 115

→ Seite 150 – 151, Aufgabe 57 – 59

11 Pech gehabt!

Herr Birnbaum rannte mit dem Koffer in der einen Hand, der Tageszeitung in der anderen, den Bahnhofsgang entlang. Beinahe hätte er wegen der Zeitung erst die **S-Bahn**, dann die **U-Bahn** verpasst. Aber es war gerade noch einmal alles gut gegangen.

Mit fliegendem Mantel und guten Mutes eilte er zu Gleis 16, wo sein **IC-Zug** nach **Baden-Baden** abfahren sollte. Seufzend erreichte er zwei Minuten vor Abfahrt den Bahnsteig. Nanu, wo war der Zug? Missmutig stellte Herr Birnbaum fest, dass dieser eine **25-minütige** Verspätung haben sollte.

Er setzte sich hin und las seine Zeitung. Er las: **UV-strahlengefährdete Feriengäste** in Australien. Immer samstags: Flohmarkt am **Erich-Kästner-Platz**. **See-Elefant** wird zum Fernsehstar.

Herrn Birnbaums Augen fielen zu. Er schlief. Als er wieder aufwachte, fuhr sein Zug gerade ab.

Wörteranzahl: 123

→ Seite 150 – 153, Aufgabe 57 – 61

4 Komma, Semikolon, Doppelpunkt

12 Die Last mit der Pünktlichkeit

Leonie, immer ihre Termine einhaltend, war viel zu früh an ihrem Ziel, Stadtbücherei, Hauptstraße 22 (,) angekommen. Eigentlich wollte sie am Montag, den 24. Juni, um 15.30 Uhr (,) dort sein. Nun saß sie schon seit einer halben Stunde in der Eisdiele „La Domenica" in der Konrad-Adenauer-Straße und hatte noch eine weitere halbe Stunde Zeit.

Anstatt auf die Uhr zu achten, sah sie auf ihrem Smartphone nach.

Morgen, Dienstag, den 25. Juni, um 10.00 Uhr (,) wollte sie Bernd in der Pizzeria „La Tavola", Esenser Straße (,) in Hamburg treffen. Grübelnd steckte sie ihr Handy weg. Ob sie einmal den Versuch wagen sollte, zu spät zu kommen?

Wörteranzahl: 112

→ Seite 160, Aufgabe 70

13 Rasender Reporter

Stift, Notizblock und Fotoapparat sind bereit. Tom Sonnenberg, neuer Reporter bei der örtlichen Lokalzeitung, ist startklar, aber sehr nervös. Schließlich ist das Interview mit Herrn Habmann, dem Rektor der Realschule, sein erstes.

„Wieso beschuldigen Sie die Stadtverwaltung, dass sie die Realschule vernachlässige?", fragt Tom Sonnenberg. „Schon vor einem Jahr habe ich die Stadt informiert, dass es in die Realschule hineinregnet", beginnt Herr Habmann. „Jetzt ist sogar eine Decke, vom Regen völlig durchnässt, heruntergestürzt! Im oberen Stockwerk kann nicht mehr unterrichtet werden, weil das zu gefährlich wäre. Das Schulgebäude muss renoviert werden." Tom Sonnenberg hakt ein: „Eine Renovierung dauert eine Weile. Wo soll der Unterricht so lange stattfinden?" „Das fragen Sie doch am besten den Herrn Bürgermeister!", raunzt Herr Habmann aufgebracht.

Nach dem Interview flitzt Tom Sonnenberg in die Redaktion, um den Artikel über die Realschule zu verfassen. Er muss sich beeilen, da er bereits in einer Stunde den nächsten Termin hat.

Wörteranzahl: 148

→ Seite 154 – 159, Aufgabe 62 – 69

14 Wohin ins Schullandheim?

Die Klasse 8c möchte im April oder Juni ins Schullandheim gehen. Verschiedene Ziele stehen zur Debatte: Ein Teil der Klasse möchte ins Mittelgebirge fahren, etwa in den Schwarzwald oder den Bayerischen Wald, um zu wandern. Man könnte dort auch einiges besichtigen, zum Beispiel eine Werkstatt für die berühmten Schwarzwälder Kuckucksuhren oder vielleicht eine bayerische Bierbrauerei.

Einige Schülerinnen und Schüler schlagen das Kleine Walsertal im Grenzgebiet zwischen Deutschland und Österreich vor. Auch dort stünde Wandern auf dem Programm, eventuell sogar eine besonders geführte Klettertour.

Ein weiterer Vorschlag ist Ostdeutschland; man würde viel Neues kennen lernen, Städte besichtigen und Wirkungsstätten bedeutender Dichter und Komponisten aufsuchen. Man könnte sehen, wo Goethe gedichtet oder Bach das Weihnachtsoratorium komponiert hat. Außerdem gibt es die Sächsische Schweiz mit Ausflugsmöglichkeiten.

Als Kontrastprogramm dazu schlagen manche einen Aufenthalt an der Nordsee vor, speziell auf einer Nordfriesischen Insel oder einer Hallig. Dort könnte das Meer hautnah erlebt werden.

Wörteranzahl: 152

→ Seite 154 – 159, Aufgabe 62 – 69;
Seite 161 – 163, Aufgabe 71 – 74

15 Der Höflichkeitstag

Bei der Lehrerkonferenz gestern waren sich alle einig: So kann es, vor allem auf dem Pausenhof, nicht mehr weitergehen. Kürzlich haben sich dort zwei Schüler bei einer Rempelei sogar verletzt. Auch die Klassensprecher äußerten einstimmig in ihrer Sitzung: „Wir wollen etwas verändern.“ Nach langer Diskussion erarbeiten sie nun gemeinsam einen Plan für ihr erstes Projekt: den Höflichkeitstag.

Zwar sollte es immer höflich an ihrer Schule zugehen, aber dieses Event soll bewusst machen, was Höflichkeit überhaupt bedeutet. Damit alle daran mitarbeiten, werden die Aufgaben verteilt: Die Lehrerinnen und Lehrer übernehmen den theoretischen Teil wie Vorträge und Referate; die Schülerinnen und Schüler planen Übungen und Spiele; die Eltern sorgen für die Bewirtung. Die Schulleiterin ist so begeistert von der Idee, dass sie gleich noch einen Termin mit der Presse vereinbart.

Wörteranzahl: 130

→ Seite 161 – 163, Aufgabe 71 – 74

9./10. KLASSE

Üben
Testen
Diktate

1 Fremdwörter

1.1 Fremdwörter erkennen

Viele Wörter der deutschen Sprache stammen aus anderen Sprachen. Man nennt sie **Fremdwörter** oder auch **Lehnwörter**. Oft wurden sie aus dem Lateinischen oder Griechischen übernommen. Daneben gibt es etliche Wörter, die aus dem Englischen und Französischen stammen; einige kommen auch aus der italienischen Sprache:

Englisch:	Jeans	Griechisch:	Philosophie
Französisch:	Milieu	Lateinisch:	Semester
Italienisch:	Spaghetti		

Viele Fremdwörter wurden der deutschen Sprache so angepasst, dass du ihren Ursprung meist gar nicht mehr erkennst. Dazu gehören beispielsweise *Fenster* oder *Mauer*, *Kanzel* oder *Kostüm*.

Andere Wörter, meist sind sie den lebenden Sprachen entlehnt, werden dagegen noch nach den **Regeln** der **Herkunftssprache** geschrieben und gesprochen:

Jeans	Amateur	Zucchini
Clown	Bandage	Cappuccino

Aufgabe 1

Lies den folgenden Text und unterstreiche die fünf Fremdwörter, die falsch geschrieben worden sind. Verbessere sie anschließend.

Die multikulturellen Wurzeln unserer Sprache

Viele Fremd- und Lehnwörter unserer Sprache stammen nicht nur aus dem Englischen und Französischen. Gerade die sogenannten „toten“ Sprachen Latein und Altgriechisch haben für die Entwicklung des Deutschen eine wichtige Rolle gespielt.

Dies betrifft nicht nur Wörter aus unserer Alltagssprache, wie zum Beispiel die Worte: Automobil, Telefon, Delfin, Rhabarber und Teather. Viele der Wörter, die aus diesen Sprachen stammen, sind ganz schön schwierig zu schreiben. Wer weiß denn schon, wie man die Wörter Rythmus, Mythos und Myrrhe schreibt? Ganz chaotisch wird es, wenn man bedenkt, dass es auch Wörter in unserer Sprache gibt, die aus Sprachen mit anderen Schriftsystemen stammen, für die erst eine Lautschrift erfunden werden musste. Oder wusstest du, dass die Wörter Meis, Taback und Zigarillo aus alten Indianersprachen stammen? Oder, dass das Wort Jogurt aus dem Türkischen, das Wort Bassar aus dem Persischen und das Wort Roboter aus dem Tschechischen stammt?

Aufgabe 2

Welches Fremdwort gehört zu welchem Wörterbucheintrag? Ordne richtig zu. Notiere anschließend, aus welchen Sprachen die Wörter übernommen wurden.

Interview – Tournee – Fan – Konzert

a) ______________________ [tʊrˈneː] f.; -s od. -n; engl.; franz.; Rundreise von Künstlern, Gastspielreise

b) ______________________ n.; -e; lat.; ital.;
1 öffentl. Aufführung von Musikwerken
2 Musikstück für Soloinstrument und Orchester
3 aufeinander abgestimmtes Zusammenwirken

c) ______________________ [ˈɪntɐvjuː] n.; -s; lat.; franz.; engl.; Befragung (meist bekannter Persönlichkeiten) durch Presse- oder Rundfunkvertreter; Zusammenkunft; Unterredung

d) ______________________ [fɛn] m.; -s; engl.; begeisterter Anhänger; Film-, Jazz-, Sport-

Die Fremdwörter stammen aus dem ______________________

____

____

______________________.

1.2 Englische Fremdwörter

Bei den meisten Lehnwörtern aus dem Englischen wird im deutschen Sprachgebrauch die ursprüngliche Schreibung und Aussprache beibehalten:

P**oo**l	C**a**tering
M**ee**ting	C**ow**b**oy**
Je**a**ns	S**ou**nd
Par**ty**	D**ow**nl**oa**d

Merke dir aber folgende **Abweichungen**.

- Der Plural von Wörtern, die auf *y* enden, wird durch Anhängen des **Plural-*s*** gebildet. Vor dem *s* steht **kein Apostroph**:
  Part**ys**, Hobb**ys**, Bab**ys**
- **Nomen** aus dem Englischen schreibst du im Deutschen **groß**:
  Pool, **J**eans, **P**arty
- **Verbindungen** aus **deutschen** und **englischen Wörtern**, die als Nomen gebraucht werden, schreibst du **groß** und **zusammen**:
  Rennteam
- **Zusammengesetzte Wörter** aus dem Englischen schreibst du in der Regel zusammen. Willst du die einzelnen Bestandteile einer Verbindung deutlich machen, kannst du aber mit **Bindestrich** schreiben. Auch bei Verbindungen aus zwei Nomen kannst du einen Bindestrich setzen, wenn die Verbindung dadurch lesbarer wird:
  Software, Flatrate
  Fastfood/Fast-Food
  Swimmingpool/Swimming-Pool

Bei einigen Wörtern aus dem Englischen gibt es **zwei Schreibweisen**:
Sketsch/Sketch; Klub/Club; Ketschup/Ketchup

Wenn du unsicher bist, wie ein Lehnwort aus dem Englischen geschrieben wird, kannst du natürlich in einem Fremdwörterbuch nachschlagen.

Aufgabe 3

Welche Wörter aus dem Englischen wurden hier ins Deutsche übersetzt? Füge die richtigen Buchstaben ein.

a) Arbeitsgruppe	T_____m
b) Plakat	P_____ster
c) Motto, Leitspruch	Slog_____n
d) Billiganbieter	Disc_____nter
e) Sofa	C_____ch
f) Geldschrank	S_____fe
g) Körper- und Muskeltraining	Bodyb_____lding
h) Dialog, Unterredung	Interv_____
i) Ächtung	B_____kott
j) Frage- und Antwortspiel	Qu_____
k) Erdölleitung	P_____pel_____ne
l) Einstöckiges Haus mit Flachdach	Bungal_____
m) Sportliches Jackett	Bla_____er
n) Geduldsspiel	P_____zzle

Aufgabe 4

Welche englischen Wörter verbergen sich hinter den hervorgehobenen deutschen Wörtern? Schreibe sie auf.

a) Der **Mietkauf** von Autos wird immer häufiger.

____

b) Aus diesen Gründen gibt es einen **Wirtschaftsaufschwung** in der Automobilindustrie.

____

c) Auch in Zukunft ist keine **Neigung** zum Autoverzicht zu erkennen.

____

Aufgabe 5

Trage die passenden Wörter in die Lücken ein. Aber Achtung, an einigen Stellen musst du den Plural bilden.

Hobby – Story – Lady – Party – Baby

a) ______________ and Gentlemen, herzlich willkommen zu unserer Rodeo-Show.

b) Meine Schwester findet ______________ so süß, dass sie auch am liebsten eines hätte.

c) Paulo hat wieder solch eine unglaubliche ______________ erzählt, dass alle nur noch lachen konnten.

d) Paula hat neben der Schule noch so viele ______________, dass sie nie Zeit hat, sich mit Freundinnen zu treffen.

e) Die große Karnevals______________ findet am Rosenmontag statt.

Aufgabe 6

Verbinde jeweils zwei Wortbestandteile zu einem Fremdwort, das aus dem Englischen stammt.

SWIMMING – KID – BLACK – COUNT – DOWN – POOL – BOOK – CENTER – BABY – NOTE – SITTING – FAIR – NAPPEN – PLAY – SHOPPING – OUT – MAKE

____

____

____

____

____

____

1.3 Französische Fremdwörter

Es gibt zahlreiche Wörter aus der französischen Sprache, die wir ganz selbstverständlich benutzen. Einige dieser Wörter sind inzwischen so gebräuchlich, dass ihre Schreibung **eingedeutscht** worden ist. Oft ist **daneben** aber auch die **ursprüngliche Schreibung** möglich:
Fris**ö**r/Fris**eu**r
Por**t**mon**ee**/Por**te**monnaie
Maj**o**n**ä**se/Ma**y**o**nnaise**

Viele Lautverbindungen in französischen Fremdwörtern musst du dir aber einprägen. Sie sind dem Französischen entlehnt und entsprechen nicht dem **deutschen Sprachgebrauch**. Hier einige Beispiele:

Cour**age**	Br**an**che
Mont**eur**	Med**ail**le
Fritt**euse**	Toilette
Niv**eau**	S**aison**

Schlage in einem Fremdwörterbuch nach, wenn du bei der Schreibung unsicher bist.

Aufgabe 7

Hier sind die Bestandteile einiger Fremdwörter aus dem Französischen durcheinandergeraten. Setze sie sinnvoll zusammen.

Nu – nage – gieren – son – Ca – trät – Fon
gat – enga – Sai – Spio
fé – Por – due

Aufgabe 8

Vervollständige die französischen Fremdwörter mithilfe der richtigen Lautverbindung.

an – ail – oi – on – eau

a) Rev________che
b) bal________cieren
c) Chans________
d) Em________le
e) Mem________ren
f) Det________
g) Sais________
h) Niv________
i) Med________le
j) Br________che
k) T________lette
l) T________le
m) Plat________
n) Jarg________
o) ________de toilette
p) Tr________ce

Aufgabe 9

Ersetze die hervorgehobenen deutschen Wörter durch passende Fremdwörter aus dem Französischen.

a) Ich habe mein **Duftwasser** auf dem **Abort** gelassen.

____

b) Da sie zu oft **klein geschnittene gebratene Kartoffeln** isst, wurde ihre **Körpermitte** etwas füllig.

____

c) Da sie überdies eine Vorliebe für **ein reiches Angebot kalt angerichteter Speisen** hat, muss sie sich demnächst einer **Knetkur** unterziehen.

____

1.4 Zwei Schreibweisen bei Fremdwörtern

Bei einigen Fremdwörtern aus dem Französischen sind **zwei Schreibweisen** möglich:
Fa**c**ette und Fa**ss**ette; Moh**ai**r und Moh**är**;
N**ou**gat und N**u**gat; **C**oupon und **K**upon;
Variet**é** und Variet**ee**; **Ch**icor**ée** und **Sch**ikor**ee**

Auch für Wörter aus anderen Sprachen gibt es oft schon eine **angepasste** deutsche **Schreibweise**. Vor allem die Konsonanten **y**, **c**, **t** werden vereinfacht:
Yoga und **J**oga; **C**aritas und **K**aritas;
Peni**c**illin und Peni**z**illin; poten**t**iell und poten**z**iell

Aufgabe 10

Schreibe diese Wörter in der vereinfachten deutschen Schreibweise auf.

**Creme, Façon, Polonaise, Kommuniqué,
Exposé, Haché, Portemonnaie**

____

____

____

Aufgabe 11

Auch für diese Wörter gibt es eine vereinfachte deutsche Schreibweise. Trage sie in die Lücken ein.

Yoghurt __________ circa __________

codieren __________ substantiell __________

1.5 Der lange *i*-Laut bei Fremdwörtern

1. Im **Wortinnern** wird das lang gesprochene *i* bei Fremdwörtern in der Regel mit dem einfachen Buchstaben **i** wiedergegeben: Law**i**ne, Masch**i**ne, T**i**ger, Viol**i**ne
2. Am **Wortende** musst du den langen *i*-Laut bei den meisten Fremdwörtern als **ie** schreiben: Biolog**ie**, Fantas**ie**, Garant**ie**
3. Bei vielen Fremdwörtern wird das lange *i* mit der Silbe **-ier** wiedergegeben: add**ier**en, gratul**ier**en, telefon**ier**en

Aufgabe 12

Schreibe für jedes dieser Nomen das dazugehörige Verb auf.

a) Diskussion ______
b) Gratulation ______
c) Rasur ______
d) Kontrolle ______
e) Export ______
f) Nummer ______

Aufgabe 13

Ergänze bei den folgenden Wörtern den langen *i*-Laut.

a) Kl_____ma	d) Tar_____f	g) Amnest_____
b) Symmetr_____	e) Havar_____	h) Epidem_____
c) Biograf_____	f) Term_____n	i) Kam_____n

1.6 Der *f*-Laut bei Fremdwörtern

1. In Fremdwörtern wird der *f*-Laut meist als **ph** geschrieben.
   Atmos**ph**äre, **Ph**ilosophie, **Ph**rase

   Einige dieser Wörter wurden inzwischen der deutschen Schreibweise angepasst. Du kannst sie auch mit **f** schreiben:
   phantastisch – **f**antastisch
   Photometrie – **F**otometrie
   Gra**ph** – Gra**f** (hier Kurve i. d. Mathematik)

   Beinah durchgängig mit **f** werden heute geschrieben:
   Del**f**in, Fotogra**f**ie, Mega**f**on, Mikro**f**on, Tele**f**on, Gra**f**ik

2. Viele Fremdwörter enden mit einem *f*-Laut. In der Regel schreibst du ihn mit **v**:
   Moti**v**, akti**v**, aggressi**v**

   Bei Verlängerungen dieser Wörter wird das *v* als **w gesprochen.**
   Moti**v**e, Akti**v**ität, Aggressi**v**ität

Aufgabe 14

Welche Wörter mit *f*-Lauten wurden hier ins Deutsche übertragen? Schreibe sie auf die Linien.

a) Lufthülle um die Erde ____________________

b) Gedichtabschnitt ____________________

c) körperlich ____________________

d) Straßenbelag ____________________

e) Siegesgefühl ____________________

f) Wissenschaft von den Arzneimittel ____________________

g) Auslassungszeichen ____________________

Aufgabe 15

Schreibe diese Wörter in der angepassten deutschen Schreibweise auf.

a) Megaphon ______________________________

b) Saxophon ______________________________

c) Photosynthese ______________________________

d) Paragraph ______________________________

e) Stenographie ______________________________

f) Orthographie ______________________________

g) Bibliographie ______________________________

h) Mikrophon ______________________________

i) Phantasie ______________________________

Aufgabe 16

Ergänze die fehlenden Laute.

a) Er ärgerte sich über die langweilige ______rasendrescherei in der Talkshow.

b) Sandra ist immer positi______ eingestellt, das gefällt mir an ihr.

c) Massi______e Regenfälle führten zu Überschwemmungen.

d) Er befestigte seine Kamera auf dem Stati______.

e) Die Namensliste ist al______abetisch geordnet.

f) Das ist aber wirklich nai______!

g) Die Folgen der verheerenden Waldbrände waren katastro______al.

1.7 Fremdwörter mit *rh*, *th* und *gh*

Viele Wörter mit den Lautverbindungen *rh*, *th* und *gh* stammen aus dem Griechischen, Lateinischen oder Italienischen. **Mitunter** wurde ihre **Schreibweise** dem deutschen Sprachgebrauch **angepasst**:
Katar**rh** und Katar**r**
Thunfisch und **T**unfisch
Ghetto und **G**etto

Häufig musst du diese Fremdwörter aber noch mit den **ursprünglichen Lautverbindungen** schreiben:
Rheuma, **Th**eorie, Ma**th**ematik

Präge dir diese Wörter am besten genau ein. Du kannst natürlich auch in einem Fremdwörterbuch nachschlagen, wenn du unsicher bist.

Denke daran, dass du diese Lautverbindungen **nicht trennen** darfst.

Aufgabe 17

Für einige dieser Wörter gibt es eine vereinfachte Schreibweise. Ergänze sie. Schreibe die anderen Wörter zur Übungen noch einmal auf.

a) Myrrhe ______________________

b) Panther ______________________

c) Thunfisch ______________________

d) Athlet ______________________

e) Spaghetti ______________________

f) Joghurt ______________________

g) Orthografie ______________________

h) Rhythmus ______________________

Aufgabe 18

Finde die gesuchten Wörter mit *rh* oder *th* und schreibe sie auf.

a) Irrgarten ______________________

b) Büchersammlung ______________________

c) Medizinhandlung ______________________

d) Entzündliche Gelenkerkrankung ______________________

e) Zuneigung ______________________

Aufgabe 19

Bei jedem dieser Fremdwörter fehlt ein Buchstabe. Ergänze ihn und schreibe die Wörter verbessert auf die Linien. Aber Vorsicht, einige dieser Wörter werden nicht mit *rh* oder *th*, sondern mit einfachem Laut geschrieben.

a) mthematik ______________________

b) atll ______________________

c) teke ______________________

d) rabarber ______________________

e) äter ______________________

f) thma ______________________

g) straegie ______________________

h) hypotek ______________________

i) retorik ______________________

j) teater ______________________

k) rinozeros ______________________

l) amosphäre ______________________

1.8 Fremdwörter verstehen

Es wird immer wieder Fremdwörter geben, die du nicht gleich verstehst. Dann kannst du natürlich in einem Wörterbuch nachschlagen oder z. B. im Internet recherchieren. Die **Bedeutung** vieler Ausdrücke lässt sich aber auch **erschließen**. Dabei können dir bestimmte Wortbestandteile helfen, die häufig vorkommen und oft neu kombiniert werden.

Dazu gehören **Vorsilben**, die meist aus dem Griechischen oder Lateinischen stammen:
mikro- (klein); *prä-* (vor); *homo-* (gleich); *trans-* (über, durch)

Auch bestimmte **Wortstämme** tauchen immer wieder und in zahlreichen Verbindungen auf. Wenn du ihre Grundbedeutung kennst, wirst du viele Fremdwörter schnell herleiten können:
Human (den Menschen betreffend); *Bio-* (das Leben betreffend); *Geo-* (die Erde betreffend); *Phil-* (Freund von, Liebe zu)

Aufgabe 20

Wähle passende Vorsilben aus und bilde sinnvolle Sätze damit.

***mikro-* (klein) – *prä-* (vor) – *homo-* (gleich)**
***dis-* (auseinander) – *trans-* (über, durch)**

a) Dieser große Container kann nur per Schiff ______________portiert werden.

b) Ich wärme mir mein Mittagessen immer in der ______________welle auf.

c) Die Milch ist oft sowohl pasteurisiert als auch ______________genisiert.

d) Das Geschnatter der Gänse klingt ziemlich ______________harmonisch.

e) Morgen werde ich in Deutsch eine ______________sentation über Friedrich Schiller halten.

Aufgabe 21

Ergänze die Vorsilben sinnvoll. Orientiere dich dabei an den Übersetzungen.

a – ab – ad – anti – de – dis – ex – in – ko – kon
post – prä – sub – super – sym – sin

________operieren ________struktiv	mit hinzu	↔	nicht zer-	________qualifizieren ________struktiv
________dieren ________option	hinzu	↔	weg nicht	________sozial ________norm
________pathie ________fonie	zusammen für	↔	gegen	________terrorgruppe ________pathie
________jizieren ________tern	hinein innerhalb	↔	hinaus außerhalb	________trahieren ________tern
________macht ________man	über	↔	unter	________summieren ________marin
________historisch ________parieren	vor	↔	nach später	________mortem ________skriptum (PS.)

Aufgabe 22

Hier wurden nur deutsche Wörter benutzt. Weißt du, welche Wörter gemeint sind? Ergänze die einzelnen Wortbausteine auf der nächsten Seite so, dass sie das Fremdwort für den fett gedruckten deutschen Begriff angeben.

a) Ich kann laute Geräusche **seelisch** überhaupt nicht verkraften.

b) Wenn der **Fernklangübermittler** klingelt, erschrecke ich jedes Mal.

c) Ganz schlimm finde ich so einen **Klangverstärker** bei Großversammlungen.

d) Die moderne **Lehre von den Körpern** kommt zu erstaunlichen Ergebnissen.

e) Und auch in der **Lehre von den sehr kleinen Lebewesen** gibt es neue Erkenntnisse.

f) In der **Lehre vom Aufbau der Erde** kenne ich mich jedoch nicht gut aus.

g) Gestern hörte ich auch einen Vortrag über den **Lebensraum** der Erde.

h) Allerdings sprach der Redner äußerst **eintönig**.

i) Ich würde ihm eine Behandlung bei einem **Sprachheilkundler** vorschlagen.

j) Ihr **Selbstbeweger** ist ins Rollen geraten und hat meinen beschädigt.

k) Ich werde mir von diesem Unfallschaden erst einmal eine **Lichtzeichnung** machen.

l) Meine **zeichnerische** Begabung ist nämlich nicht sehr groß.

m) Uns gehen auch die Verbrechen gegen die **Menschlichkeit** in anderen Ländern etwas an.

n) Man muss kein großer **Freund des Denkens** sein, um dies zu begreifen.

a) psych
die Seele betreffend

b) Tele
fern

c) fon
Klang

d) Phys
den Körper betreffend

e) Mikro
klein, winzig

f) Geo
die Erde betreffend

g) Bio
Leben

h) mono
allein, ein

i) Log(o)
Wort, Lehre

j) Auto
selbst

k) Fot(o)
Licht

l) graf
das Schreiben und Zeichnen betreffend

m) Human
den Menschen betreffend

n) Phil
Freund von, Liebe zu

2 Getrennt- und Zusammenschreibung

2.1 Die Schreibung mit Bindestrich

Der Bindestrich soll das Lesen und Schreiben langer Zusammensetzungen oder Wortgruppen erleichtern.

Einige Regeln zur Schreibung mit Bindestrichen kennst du sicher schon:

- In Verbindungen mit **Einzelbuchstaben**, **Abkürzungen** oder **Ziffern** musst du einen Bindestrich setzen:
  A-Dur; Schluss-**s**; **T-**Shirt; **4-**mal; **17-**jährig; **5-**stündig
- Du kannst **Wiederholungen vermeiden**, indem du bei Wortgruppen den letzten, den ersten oder den letzten und ersten Bestandteil mithilfe des Bindestrichs ersetzt:
  saft- und kraftlos
  Klapptische und -stühle
  Möbelan- und -verkauf
- Wenn du die **einzelnen Bestandteile** einer Wortgruppe **deutlich machen** möchtest, kannst du einen Bindestrich setzen. Mitunter werden **Wortgruppen** auch **übersichtlicher** und **lesbarer**, wenn du sie mit einem Bindestrich trennst. Das gilt vor allem für Verbindungen, bei denen mehrere Vokale oder Konsonanten aufeinanderstoßen. Mithilfe des Bindestrichs kannst du manchmal auch **Missverständnisse vermeiden**:
  Bayerntrainer Bayern-Trainer
  Seeelefant See-Elefant
  Musikerleben Musik-Erleben oder Musiker-Leben

Beachte darüber hinaus auch die folgenden Regeln:

- Bei Verbindungen aus einer **Ziffer** und einer **Nachsilbe** steht kein Bindestrich:
  ein **8tel** (ein Achtel)
  die **20er Jahre** (die zwanziger Jahre)

  Bei einigen dieser Verbindungen sind zwei Schreibweisen möglich:
  3fach und **3-fach** (dreifach)
  100%ig und **100-prozentig** (hundertprozentig)

- Aneinanderreihungen, die aus **mindestens drei Bestandteilen** bestehen und als Nomen gebraucht werden, schreibst du mit Bindestrich:
  der Tante-Emma-Laden; der Pro-Kopf-Verbrauch;
  das Sowohl-als-auch; die Play-off-Runde; das T-Bone-Steak

- **Infinitive**, die als **Nomen** gebraucht werden und aus mehr als zwei Bestandteilen zusammengesetzt sind, schreibst du mit Bindestrichen:
  das Auf-die-lange-Bank-Schieben
  das In-den-Tag-hinein-Träumen

  Achte bei diesen Verbindungen auch auf die **Groß-** und **Kleinschreibung**. Es gilt: Das erste Wort, alle Nomen und den Infinitiv schreibst du groß, alle anderen Wortarten werden kleingeschrieben.

- **Doppelnamen**, mehrteilige **geografische Eigennamen** und **Zusammensetzungen mit Eigennamen** (häufig Straßennamen) werden mit Bindestrich geschrieben:
  Frau Müller-Habicht; Baden-Württemberg; Konrad-Adenauer-Ring

- Zusammensetzungen mit dem **Pronomen *ich***, die als Nomen gebraucht werden, schreibt man meistens mit Bindestrich. Das gilt ebenso für nominalisierte Verbindungen **englischer Wörter**. In diesen Fällen ist aber auch die Zusammenschreibung möglich:
  Ich-Form (Ichform)
  Ich-Erzählung (Icherzählung)
  Blow-up (Blowup)
  Make-up (Makeup)
  Count-down (Countdown)

Aufgabe 23

Die Wortzusammensetzungen sind durcheinandergeraten. Ordne sie sinnvoll und gliedere sie übersichtlich mithilfe von Bindestrichen.

Schokoei – Hawaiitee – Fußballnummer – Ballettinseln – Eisbecherweltmeisterschaft – Gewinntanzgruppe

*Schoko-*____

Aufgabe 24

In den folgenden Sätzen kommen Zusammensetzungen vor, die man mit Bindestrich schreibt. Ergänze die fehlenden Bindestriche.

a) Er hatte einen 16 Stunden Tag.

b) Sie glaubte nicht an die „Anti Falten Wirkung“ dieser Creme.

c) Nach dem Auftritt der Ballett Truppe spielte das Zoo Orchester.

d) Sie besuchte das Alexander von Humboldt Gymnasium.

e) Er machte eine 4 Tage Diät.

f) Die Hin und Rückfahrt verlief reibungslos.

g) Sie buchten eine 14 tägige Reise.

Aufgabe 25

Lies diesen Text und löse alle Zusammensetzungen, die in Großbuchstaben gedruckt sind, sinnvoll auf. Schreibe sie anschließend mit Bindestrichen auf die Linien. Achte dabei auch auf die Groß- und Kleinschreibung.

Weihnachtseinkäufe

Astrid und Alex Müller machen Weihnachtseinkäufe. Es regnet, aber was macht das schon, wenn aus dem Lautsprecher der Schneewalzer im ¾**TAKT** ertönt.

Sie betreten einen Buchladen. Für ihre Freunde kaufen sie ein spannendes **FRAGEANTWORTSPIEL** mit dem Titel: **KOPFANKOPFRENNEN**, für die Mutter eine **ICHERZÄHLUNG** einer berühmten Sängerin und schließlich noch für den Vater ein Buch über die **MIDLIFECRISIS** (ganz dringend, hatte Alex schon seit Tagen gemeint) und für die Großmutter ein Buch über verschiedene **MUSIKERLEBEN**. Hoppla, beinahe hätten sie ja den Kunstführer durch **BADENWÜRTTEMBERG** für Onkel Jan vergessen!

Mit Päckchen schwer beladen verlassen sie den Laden. Mit Mühe erstehen sie im Kaufhaus noch zwei **BETTTÜCHER** für Tante Irma und ein **ABENDMAKEUP** für Astrids Freundin Nora. Dann reicht es ihnen endgültig.

Nach diesem **2STUNDENEINKAUF** stolpern sie ganz erschöpft in die **TANTEROSAPIZZERIA** gleich neben dem **FRIEDRICHSCHILLERDENKMAL**, als Alex sich plötzlich daran erinnert, dass sie den **PAULKLEEKALENDER** für seinen Freund vergessen haben.

____

____

____

____

____

____

____

1 Fremdwörter

Test 1

Merle hat in ihrem Artikel für die Schülerzeitung acht Fremdwörter verwendet. Unterstreiche sie.

Das war wirklich ein cooler Auftritt unserer Schulband am diesjährigen Sommerfest. Obwohl sie erst seit wenigen Monaten zusammen proben und dieser Auftritt der erste vor öffentlichem Publikum war, legte sie auf der Bühne eine tolle Show hin. Den fünf Musikern von Forever war kein Lampenfieber anzusehen, als sie ihre rockigen Töne über den Schulhof erklingen ließen. Unsere neuen Stars konnten sich anschließend vor dem Fan-Ansturm kaum retten. Wir sind schon gespannt auf euer nächstes Konzert!

Test 2

Jamie schreibt einen Leserbrief zu Merles Artikel. Ordne die unterstrichenen Fremdwörter richtig zu.

<u>Cooler</u> Auftritt! Dass ich nicht lache, das war ja wohl eher eine <u>amateurhafte</u> <u>Show</u> pickeliger <u>Teenager</u>. Diese Möchtegern-<u>Newcomer</u> denken doch, sie seien <u>crazy</u> und ihr <u>Metallic-Sound</u> reif für die <u>Top Ten</u>. Gegenteil! <u>Trendy</u> sein, das bedeutet auch <u>Niveau</u> haben. Und das haben am allerwenigstens ihre <u>Songtexte</u>. Die sollen ihre Musik mal schön als privates <u>Hobby</u> in Papas <u>Garage</u> weitermachen, aber ein neuer Auftritt wäre eine absolute <u>Blamage</u>.

Englische Fremdwörter: ______________________________

____

Französische Fremdwörter: ____________________________

____

Üben
Testen
Diktate

Test 3

Stelle fest, aus welchen Sprachen die markierten Fremdwörter jeweils kommen. Schreibe sie richtig zugeordnet auf.

a) Ich finde diesen Lehrer **total human** und irgendwie **absolut super**.

b) In dieser Kneipe herrscht eine klasse **Atmosphäre** und es gibt sehr viele **sympathische** Leute.

c) Nachdem sie der **Frisör** recht **modisch** kahl geschoren hatte, fühlte sie sich nicht besonders gut und tröstete sich mit einer Portion **Pommes frites**, die dem Umfang ihrer **Taille** jedoch nicht so gut tat.

d) Also, ich finde ihren **Lover** echt ein bisschen **heavy**: Er ist ein ziemlicher **Outsider** und **Loser**. Seine Kleidung ist wirklich **megaout**.

Satz a) ______________________________

____

Satz b) ______________________________

____

Satz c) ______________________________

____

Satz d) ______________________________

____

Test 4

Forme die aus dem Englischen stammenden Verben in Nomen mit Artikel um.

a) mailen ______________________

b) stylen ______________________

c) flirten ______________________

d) kidnappen ______________________

e) surfen ______________________

Test 5

Klara hat versucht, in ihrem Zeitungsartikel mit Fremdwörtern zu glänzen. Leider sind ihr dabei einige Fehler unterlaufen. Unterstreiche sie und schreibe die Wörter verbessert auf.

Mit meiner Freundin Dunja besuchte ich im Rahmen unserer Projekt-Tage eine Beautifarm. Schon früh am Morgen begann das Schönheits- und Fittnessprogramm. Wir machten Yogo-Übungen im Park. Anschließend gab es ein Frühstück mit viel Obst und kalorinarmen Leight-Produkten. Dann sollten unsere Hände bei einer Maniekür e in Form gebracht werden. Zu Mittag dinirten wir im hauseigenen Restauron. Statt Fastfud gab es ein ausgezeichnetes Menu mit einem himmlischen Desser. Den Nachmittag verbrachten wir erst schwitzend in der Sauna, dann bei der Kosmetikerin. Mit einem edlen Make-ab im Gesicht verließen wir ganz happi die Farm.

____

____

____

____

____

Test 6

Streiche die fehlerhaften Wörter jeweils durch. Aber Vorsicht, manchmal kann sowohl die eingedeutschte als auch die fremdsprachliche Schreibweise richtig sein.

a) Fritöse – Frittöse – Fritteuse

b) Resusaffe – Rehsusaffe – Rhesusaffe

c) Telephon – Thelefon – Telefon

d) Elephant – Ehlefant – Elefant

e) Photosynthese – Fotosintese – Fotosynthese

f) Rythmus – Rhythmus – Rhytmus

g) Theaterabonnement – Teaterabonement – Teatherabonnement

h) Kolege – Colege – Kollege

i) Portmonee – Portemonnaie – Portmoneh

j) Chauffeur – Schoför – Schofför

Test 7

Füge die Endungen so ein, dass Nomen und Verben entstehen.

age – e – ement – en – ent – er
eur – eur – ieren – ieren
ieren – ement

a) Mont*age*	Mont*eur*	mont______
b) Kontroll______	Kontroll______	kontroll______
c) Abonn______	Abonn______	abonn______
d) Manag______	Manag______	manag______

Test 8

Notiere jeweils die zweite mögliche Schreibweise.

a) Spaghetti oder ______________________

b) Photo oder ______________________

c) Friseur oder ______________________

d) Sauce oder ______________________

e) cirka oder ______________________

f) Delphin oder ______________________

g) Joghurt oder ______________________

h) Panther oder ______________________

i) Mikrophon oder ______________________

Test 9

Finde im folgenden Text die 13 Wörter, die falsch geschrieben wurden. Unterstreiche sie und schreibe sie richtig auf.

Schule heute

Gehst du gerne zur Schule? Auf diese Frage antworten meistens nur Kinder, die gerade das Alfabet kennen gelernt haben, mit einem enthusiastischen „Aber, ja!“. Wenn man älter wird und sich durch das Labyrint der mathematischen Formeln quälen muss und oft den Ausweg nicht findet, schwächt die Begeisterung merklich ab. Im Fach Deutsch geht es nicht mehr um das Geschichtenerzählen, sondern man schlägt sich mit Datif und Akkusatif herum, auch die vielen Vokabeln in der Fremdsprache erwecken wenig Sympatie und erzeugen eher Stress und so manches Tema in Sozialkunde oder Religion geht an den Lernenden vorbei.

Bei vielen Schülerinnen und Schüler kommt es früher oder später zu einer Fase der Schulmüdigkeit. Schuld daran ist die hohe Zahl unterschiedlicher Fächer und vor allem der Vorrang der Teorie vor der Praxis. Manche Jugendliche reagieren mit Aggression, viele flüchten mithilfe eines Darmkatars oder diffuser Infeckte vor Leistungskontrollen, bei denen man unter Umständen mit einem negativen Resultat rechnen muss. Oft kollidirt das Hausaufgabenpensum auch mit dem Bedürfnis nach Erholung und einer entspannten Athmosphäre in der Freizeit.

Wenn man seinen Horizont erweitern will und den Blick in die Schulen anderer Länder wirft, kann man erkennen, dass dort häufig andere Lernfächer angeboten werden: Schülerinnen und Schüler arbeiten an Umweltprojekten, spielen Theater und bauen ihr Selbstbewusstsein auf, wenn der Applaus ihre Leistung belohnt. In Debattierklubs wird die Fähigkeit zur konstruktiven Argumentation geübt und atletische Leistungen, die in Sportteams erzielt werden, werden ungleich höher eingeschätzt als bei uns.

Test 10

Erkläre die folgenden Fremdwörter.

a) Teenager b) Newcomer c) Blamage d) crazy

Test 11

**Merle (M) führt ein Interview mit Leo (L), Gitarrist der Band Forever.
Finde für die Lücken das passende Fremdwort.**

Interview – relaxed – Star – Homepage – Band – Dates – Tournee – nervös – Konzert – Fans – Team

M: Hi Leo, klasse, dass du trotz deiner vielen ____________ noch Zeit für ein ____________ mit mir gefunden hast. Du bist ja ein ____________ geworden.

L: Hi Merle. Ich bin wirklich mit meiner ____________ ständig auf ____________. Aber für alte Freunde nehme ich mir immer Zeit.

M: Ja, du wirkst auch gerade sehr ____________. Ist das bei Auftritten auch so?

L: Oh (*lacht*), ____________ bin ich ja immer noch, aber wir sind in der Band einfach ein super ____________, da kann ich mich auf jeden verlassen.

M: Ich sehe, du musst wieder los. Was willst du deinen ____________ noch sagen?

L: Leute, es ist geil mit euch! Wollt ihr noch mehr von uns, dann kommt zum nächsten ____________ oder schaut auf unsere ____________.

Test 12

Weißt du, welche Wörter gemeint sind? Setze die Puzzleteile zu Wörtern zusammen und schreibe sie hinter die jeweilige Erklärung.

Com ~~ge~~ lo Cow se ter

ren Ma de ~~Mon~~ so Jeans

gen jo phie trie

Car pu mons Phi boy ~~ta~~

Blue vent jog toon E nä

1. Aufstellung oder Auf-, Zusammenbau einer Maschine: Montage
2. Vorführen, an einer Kundgebung teilnehmen: ______
3. Berittener amerikanischer Rinderhirt: ______
4. Hose aus blauem Baumwollstoff: ______
5. Laufen in mäßigem Tempo: ______
6. Veranstaltung: ______
7. Wissenschaft: ______
8. Witzzeichnung, kurzer Comic: ______
9. Rechner, Rechenanlage: ______
10. Kalte, dicke Soße; lecker auf Pommes frites: ______

2 Getrennt- und Zusammenschreibung

Test 13

Ergänze in den folgenden Ausdrücken die Bindestriche.

a) 10 ml Probe
b) DIN A 4 Blatt
c) 20 km Gehen
d) Film GmbH
e) UV Schutz
f) Profi Tipp
g) Make up
h) Vitamin E Mangel
i) Hepatitis B Viren
j) 40 Liter Grasfangkorb
k) Regenwasser Nutzungssysteme
l) Energiespar Mitbau Haus
m) Eis und Latschenkiefer Massage Gel
n) Kupfer Quarz Rosmarin Tropfspray

Test 14

Unterstreiche in diesem Text alle Zusammensetzungen, die mit Bindestrich geschrieben werden müssen. Schreibe sie anschließend verbessert auf die Linien.

Im Duisburger Hafen

Jonas von der Anton Holz Straße und Anna von der Albrecht Dürer Allee in Duisburg machen eine Hafenrundfahrt. „Kaum zu glauben, dass es hier in Nordrhein Westfalen den größten Binnenhafen Europas gibt, oder? Er könnte doch auch in Rheinland Pfalz oder in Baden Württemberg sein", wundert sich Anna. „Das hat wohl mit der günstigen Lage und auch mit dem Ruhrgebiet und seiner Industrie zu tun", meint Jonas. „Er ist einfach riesig, dieser Duisburger Hafen", staunt Anna, „seht nur das Containerschiff dort drüben. Was mag nur in all den Dingern drin sein?" „Alles Mögliche!", ruft Jonas, „T Shirts aus Amerika, Tee von der letzten Tee Ernte, Vulkangestein von den Hawaii Inseln, See Elefanten für den Zoo …". „Spinner", lacht Anna, „sieh mal den Schrott Transporter, der da im Schritt Tempo ankommt. Auf einer 100 m Strecke wäre ich sicher schneller als der.“

Test 15

Im folgenden Text fehlen die Bindestriche. Ergänze sie.

Winzig Wohnen

Herr Meier Lutz schickt seinem Vermieter einen Beschwerdebrief: „Ich habe keinen Platz“, schreibt er, „seit den frühen 80er Jahren wohne ich in dieser 3 Zimmer Wohnung. Die ist so groß wie eine Briefmarke. Außerdem ist sie unglaublich laut. Direkt vor der Haustür ist die gefährliche S Kurve der viel befahrenen Heinrich Heine Straße. Jede Nacht donnern hier mindestens hundert laute 40 Tonner vorbei, die alle an der Kurve 3 mal bremsen müssen. Bei dem Lärm kann doch kein Mensch schlafen. Als ich die Fußball WM sehen wollte, wackelte sogar der Fernseher. Aber den werde ich jetzt zur Sondermüll Abgabestelle bringen, es ist einfach zu eng hier. Bitte bauen Sie einen großen Balkon an, damit ich endlich meine Pflanzen irgendwo hinstellen kann. Auch über Schallschutz Fenster würde ich mich sehr freuen. Ich möchte endlich mal wieder ruhig schlafen. Vielen Dank.“

1 Fremdwörter

1 Ferieneindrücke in Griechenland

Beladen mit Rucksack und **Thermosflaschen** standen **Sophie**, **Philipp** und **Thomas** auf den steinernen Sitzreihen eines alten griechischen **Theaters** in Epidauros. Sie waren beeindruckt von der herrlichen Aussicht. Sie staunten darüber, wie gut sie **Theresa** verstehen konnten, die unten auf der Bühne ein kurzes Gedicht von **Sophokles** aufsagte. „Was für eine feierliche **Atmosphäre** muss das damals in diesem **Theater** gewesen sein“, dachten sie.

Nicht weit davon entfernt besichtigten sie ein Stadion für **Leichtathletik**. Auch hier wurden schon vor 2000 Jahren große **Triumphe** gefeiert. Um noch mehr über die alten Griechen zu erfahren, beschlossen die Kinder, sich gleich nach den Ferien Filme in den **Mediatheken** anzusehen und in der **Bibliothek** Bücher zu diesem **Thema** auszuleihen.

Wörteranzahl: 135

→ Seite 199 – 202, Aufgabe 14 – 19

2 Einkaufsbummel durch die Stadt

Gestern war ich in der Stadt einkaufen. Als Erstes habe ich in der Buchhandlung „Zum **Delfin**“ die neue **Biografie** über Friedrich den Großen gekauft. Geschichte ist nämlich eines meiner Lieblingsfächer. Auch die griechische **Antike** mit ihren **Philosophen** wie Aristoteles und Platon mag ich besonders. Und für den **Geografie**-Unterricht brauchte ich noch einen neuen Atlas. Meiner war letzte Woche nämlich kaputtgegangen. Eine Tube mit **Majonäse** hatte sich in meinem Rucksack geöffnet und das Buch unbrauchbar gemacht.

Meine zweite Station war das **Kopiergeschäft**. Dort ließ ich eine **Fotokopie** meines Halbjahreszeugnisses für Oma und Opa anfertigen. Meinen Hunger stillte ich mit einer Portion Pommes mit **Ketschup**. Zu guter Letzt besorgte ich mir noch ein neues **Mikrofon**. Jetzt kann ich meine selbst **komponierten** Gitarrenlieder endlich wieder aufnehmen.

Wörteranzahl: 127

→ Seite 192 – 196, Aufgabe 3 – 9;
Seite 198 – 200, Aufgabe 12 – 16

3 Globalisierung hat viele Facetten

Wir leben im Zeitalter der **Globalisierung**. Das hört sich gut an, aber was ist damit wirklich gemeint? **Globalisierung** bedeutet einfach gesagt, dass die Menschen weltweit immer enger miteinander verbunden sind. Dies betrifft ganz unterschiedliche Bereiche.

Zuerst ist hier die **Ökonomie** zu nennen, die Wirtschaft also. Dort **konkurrieren** sogenannte **Global Players**. Das sind Unternehmen, die ihre Waren auf der ganzen Welt **produzieren** und überallhin **exportieren**. Aber auch die Kultur wächst immer weiter zusammen. So kennt man die **Daily Soap** in Indien genauso wie in Brasilien. Die **Fast-Food-Restaurants** mit dem großen M unterscheiden sich in Shanghai und Washington nur **minimal**. Leider geht dies mit einem Verlust an **Individualität** einher.

Und wie wird heutzutage **kommuniziert**? Natürlich mit den diversen **Handys** und dem **Computer**. Ob nun per **E-Mail** oder via **Social Media**, ohne das **World Wide Web** und eine **Flatrate** geht nichts mehr.

Wörteranzahl: 144

→ Seite 192 – 194, Aufgabe 3 – 6;
Seite 198, Aufgabe 12 – 13

4 Speisen wie Gott in Frankreich

Pommes mit **Ketschup** und **Majonäse** oder ein **Hotdog** sind lecker, aber kein Essen für alle Tage. Wer wissen will, wie man gut isst, der sollte nach Frankreich schauen. Schon zum Frühstück gibt es leckere **Croissants**. Auch unsere beliebten Silvesteressen **Raclette** und **Fondue** haben in Frankreich ihre Wurzel.

Wenn man sich in Frankreich zum Essen verabredet, wird kein Gang ausgelassen. Egal, ob man sich im **Restaurant** oder zu Hause trifft. Das **Menü** beginnt mit dem **Aperitif**, einem alkoholischen Getränk. Dazu werden **Chips** oder **Baguette** gereicht. Als Hauptgericht stehen viele französische Spezialitäten zur Auswahl, zum Beispiel die Fischsuppe **Bouillabaisse** oder ein **Ragout**. Danach folgt eine Käseplatte zur freien Auswahl oder ein **Dessert** sowie zum Abschluss Kaffee. Wem läuft beim Gedanken an eine **Mousse au Chocolat** nicht das Wasser im Munde zusammen?

Wörteranzahl: 130

→ Seite 192 – 196, Aufgabe 3 – 9

2 Getrennt- und Zusammenschreibung

5 Schüleraustausch über den Teich

Schon **8-mal** hatte der Austausch zwischen den Oberstufenschülern des **Theodor-Mommsen-Gymnasiums** in **Berlin-Spandau** und ihrer amerikanischen Partnerschule in Orlando stattgefunden. Auch in diesem Jahr machten sich wieder einige **17- und 18-jährige** Schülerinnen und Schüler des Berliner Gymnasiums auf den Weg in den **US-Bundesstaat** Florida.

Sie waren gespannt auf ihre Gastfamilien und den **10-tägigen** Aufenthalt. Die **Baseball-Meisterschaften** der Schule, bei der zum ersten Mal auch eine Mannschaft aus Berlin an den Start gehen sollte, versprach eine witzige Sache zu werden. Die Berliner hatten extra für dieses Turnier ihr Schullogo mit gelber **Neon-Stoffmalfarbe** auf **T-Shirts** gemalt. Dass sie gegen die durchtrainierten **Star-Mannschaften** von Orlando kaum eine Chance hatten, war weniger wichtig als der Spaß, den dieses Turnier verhieß.

Als besonderes Erlebnis erwartete die Jugendlichen außerdem ein Besuch von Cape Canaveral. Von hier aus war die legendäre **Apollo-11-Mission** zum Mond gestartet. Zwei Männer der **3-köpfigen Raumschiff-Besatzung** betraten im Juli 1969 als erste Menschen den Mond. Dieses Ereignis versetzte die Welt Ende der **60er-Jahre** in großes Erstaunen.

Endlich war der **9-stündige** Flug, der wie jedes Jahr nicht bei einem **x-beliebigen** Reiseunternehmen, sondern bei der **Sonnenschein-Reisen** GmbH gebucht worden war, vorbei. Der **Amerika-Aufenthalt** der Spandauer Schulklasse konnte beginnen.

Wörteranzahl: 192

→ Seite 206 – 209, Aufgabe 23 – 25

6 Wochenend-Tipp

Suchen Sie noch eine Idee für Ihre Freizeitgestaltung am Wochenende? Machen Sie doch einen Abstecher in die **Gustav-Müller-Halle**! Das **Sechs-Tage-Rennen** verspricht ein Sportereignis der Spitzenklasse zu werden. Sämtliche **Radsport-Größen** vom **Olympia-Sieger** bis zum **3fachen Tour-de-France-Gewinner** geben sich ein Stelldichein. Spannende **Kopf-an-Kopf-Rennen** werden nicht auf sich warten lassen!

Auch unser abwechslungsreiches Unterhaltungsprogramm wird Sie begeistern. Angelika **Sommer-Kehl**, die **amtierende Kunstrad-Weltmeisterin**, die **Pop-Gruppe** „Gewitterwind" und viele weitere Künstler sorgen in spannenden **Show-Einlagen** dafür, dass Ihr Vergnügen **100-prozentig** sein wird. Auf dem Hallengelände warten mehr als fünfzig Attraktionen auf Sie.

Bringen Sie sich beispielsweise mit einem **Herz-Kreislauf-Training** am **Trimm-dich-Rad** in Schwung. Wie wäre es mit Trampolinspringen? Oder wollen Sie Ihre Kräfte am **Hau-den-Lukas** unter Beweis stellen? Wer es nicht so sportlich mag, der lernt das Fürchten in unserer **Grusel-Grotte**. Falls Sie spezielle **Radsport-Bekleidung** oder **Fahrrad-Zubehör** suchen, werden Sie auf unserer **Shopping-Meile** garantiert fündig. Als **i-Tüpfelchen** des Rahmenprogramms können Sie der **Welt-Elite** des Radsports in **Autogramm-Stunden** persönlich begegnen.

Warum noch zögern? Machen Sie Ihren **Wochenend-Trip** in die **Gustav-Müller-Halle**!

Wörteranzahl: 164

→ Seite 206 – 209, Aufgabe 23 – 25

LÖSUNGEN

1 Vokale

Aufgabe 1

b**a**den, T**o**r, f**e**gen, sp**ä**t, **Ö**l, **I**gel, Sp**u**k, R**a**be, m**u**tig, H**e**ring, **E**sel, K**ü**ken

Aufgabe 2

Vase	**plagen**	**Schnaken**	**haben**
Nase	jagen	Laken	Raben
Base	wagen	quaken	laben

Aufgabe 3

1. Nebel 2. Besen 3. Kegel 4. Segel 5. Leder

Aufgabe 4

a) Musik b) Brot c) Tränen d) Dose e) Lupe
f) lügen g) Tür h) Honig i) Öse j) Nase

Aufgabe 5

kahl	**lahm**	**erwähnen**	**fahren**
Pfahl	Rahm	gähnen	verwahren
Zahl	zahm	Strähnen	aufbewahren

Aufgabe 6

Lösungsvorschläge:
unverführbar, verführbar, Unterführung, durchführbar, Überführung, Ausführung, Aufführung, Verführung, Vorführung, verführerisch, Verführbarkeit, Einführung, einführbar, ausführlich, Anführer, vorführbar, Verführer, Vorführbarkeit, Verführerin

Aufgabe 7

a) nehmen b) mehr c) versöhnen d) kühl

Aufgabe 8

a) zählen b) kehren d) Stuhl

Aufgabe 9

a) berühmt b) verehren c) Kohle d) Tafel
e) gähnen f) Rosen g) Möhre h) Lehm

Aufgabe 10

Dehnungs-*h*	Silbentrennendes *h*
zäh-len	se-hen
neh-men	dre-hen
befeh-len	verzei-hen
füh-ren	blü-hen
eh-ren	lei-hen
dröh-nen	dro-hen

Aufgabe 11

aa: Staat, Paar, Haar, Waage
ee: Teer, See, Beere, Kaffee
oo: Moos, Boot, Zoo, doof

Aufgabe 12

Meersalz	Märchenfee	Kaffeesieb
Lorbeerblatt	Bodensee	Speerspitze
Teerfass	Erdbeere	Geleeglas

Aufgabe 13

a) Saal b) Tee c) leer d) Aal e) Idee
f) Beet

Aufgabe 14

a) Säle b) Pärchen c) abwägen d) Bötchen

Aufgabe 15

Stier	Giebel	liegen
Riese	Bier	lieben
Bier	Riegel	quieken
Tier	Siegel	schieben
vier	Kiefer	schmieren
Sieg	Siege	Spieß

Aufgabe 16

Paul hat F**ie**ber. Seit er mit seinen Freunden im Schnee gesp**ie**lt hat, muss er ständig n**ie**sen. Nun l**ie**gt er schon v**ie**le Tage im Bett und fühlt sich m**ie**s. Zum Glück besucht **ih**n Lars jeden Tag nach der Schule. Dann sp**ie**len s**ie** gemeinsam ein Kartensp**ie**l bis Lars nach Hause muss. In spätestens drei Tagen darf Paul aber w**ie**der nach draußen, das hat **ih**m sein Arzt versprochen.

Aufgabe 17

Benzinkanister, Suppenterrine, Kapitänsmütze, Kaminfeger, Medizinball, Litermaß, Lawinenhund, Tigerfell, Fotostativ, Mikrofonkabel, Biberburg

Aufgabe 18

der **I**gel	der Bi**b**er	die W**ie**se
die B**ie**nen	**ih**nen	stolz**ie**ren
gib	das S**ie**b	der D**ie**b
die Biolog**ie**	die Garant**ie**	die Fotograf**ie**
das Knie	das Klavier	die Lotter**ie**
fotograf**ie**ren	garant**ie**ren	train**ie**ren
die Law**i**ne	die Ru**i**ne	die Turb**i**ne
die Apfels**i**ne	die Ros**i**ne	die Margar**i**ne
die Viol**i**ne	die Terr**i**ne	die Pral**i**ne

Aufgabe 19

a) Maschine	b) fliegen	c) sieben	d) Frieden
e) Tiger	f) Tiere	g) Riese	h) Magie

Aufgabe 20

Konsonantenhäufung	Konsonantenverdoppelung	*ck* und *tz*
Se**kt**	vere**bb**en	a**ck**ern
ku**pf**ern	schle**pp**en	fli**tz**en
Fla**nk**e	re**nn**en	Pflo**ck**
schla**nk**	Feundi**nn**en	Mü**tz**e
Lu**mp**	kri**bb**eln	Ka**tz**e
stä**rk**en	dü**rr**	Du**tz**end
we**lk**en	Pu**dd**ing	Brü**ck**e
Vo**lk**	Schwa**mm**	Perü**ck**e
Su**mpf**	vermu**mm**en	
I**mk**er	re**tt**en	
Pa**kt**	Se**ss**el	
Ma**rk**	schla**ff**	
Da**nk**	fa**ll**en	
	Geheimni**ss**e	
	E**ll**e	
	Pa**dd**el	
	fla**gg**en	

Aufgabe 21

	H	O	L	Z	**B**	A	L	K	E	N	
				E	**L**	E	F	A	N	T	
				B	**I**	L	D				
	S	T	E	R	**N**	E					
M	I	L	C	H	**K**	A	N	N	E		
			W	E	**L**	T	K	U	G	E	L
				F	**I**	S	C	H			
		B	R	Ü	**C**	H	E				
T	R	I	N	K	**H**	A	L	M			
		Z	E	L	**T**						
				S	**A**	N	D	U	H	R	
				E	**N**	G	E	L			
		Z	W	Ö	**L**	F					
					A	P	F	E	L		
		B	E	R	**G**	G	I	P	F	E	L
		R	E	G	**E**	N	W	O	L	K	E

Lösungswort: Blinklichtanlage

Aufgabe 22

a) Mist b) Kappe c) Matte d) Riss e) Kasse
f) Lippe g) Lasso h) Ring i) kippen j) Lappen

Aufgabe 23

Schritte	Kammer	Flotte
Bitte	**Hammer**	**Motte**
Mitte	**Jammer**	**Karotte**

Aufgabe 24

Singular	Plural
Kundin	**Kundinnen**
Kürbis	Kürbisse
Lehrerin	**Lehrerinnen**
Kenntnis	**Kenntnisse**
Königin	Königinnen

Aufgabe 25

Platzregen Scharfschütze Glatzkopf
Schatzgräber Feuerspritze Blitzlicht
Sitzfleisch Mauerritze Spitzmaus

Aufgabe 26

b) Blick c) Stock d) Wecker e) backen
f) stecken

Aufgabe 27

a) Gewitter d) Knospe g) krabbeln
b) Schnecke e) Senf h) Adventskranz
c) sitzend f) Sumpf

Aufgabe 28

Pappplakat, Sauerstoffflasche, Balletttruppe, Fetttropfen, Blatttriebe, Stoffflicken, Betttuch, Schlussstrich, Schutttransporter, Kompottteller

Aufgabe 29

Bei letztem Halt Sauerstoffflaschen geladen. Auf See zeigten Kontrolllampen bald Überhitzung im Lagerraum Nummer vier. Nach Explosion Schiff eine halbe Meile vor Insel auf Grund!
Wertvolle Ladung an Bord! Sucht hinter Werkstatttür Metallleuchter und Weinbrandfässer. In meiner Koje in Stofffetzen Branntwein mit alter Nummerierung!
K. S. Olsen

2 *s*-Laute

Aufgabe 30

stimmhafter *s*-Laut	stimmloser *s*-Laut
Socken verreisen Wiese Häuser Sonne selbst	heiß lassen Biss genießen müssen Maß

Aufgabe 31

Gasse	**Kasse**	**Masse**
Wesen	**lesen**	**Besen**
Floß	**Stoß**	**Kloß**
Fussel	**Dussel**	**Schussel**
Nase	**Vase**	**Phase**
gießen	**sprießen**	**fließen**
Rüssel	**Schüssel**	**Schlüssel**

Aufgabe 32

Singular	Plural
Gans	Gänse
Gas	Gase
Hals	**Hälse**
Los	**Lose**
Preis	Preise
Laus	Läuse
Gras	**Gräser**
Kreis	Kreise

Aufgabe 33

Los des **Loses**
Floß des **Floßes**
Fleiß des **Fleißes**
Preis des **Preises**
Spaß des **Spaßes**
Glas des **Glases**
Haus des **Hauses**
Strauß des **Straußes**

Aufgabe 34

reisen	*du reist*	*er reiste*
lösen	du löst	**er löste**
speisen	**du speist**	**er speiste**
bremsen	du bremst	**er bremste**
rasen	**du rast**	er raste
brausen	**du braust**	er brauste
blasen	**du bläst**	**er blies**

Aufgabe 35

Lösungsvorschläge:

a) Moo**s** → Moo**s**e
b) Fu**ß** → Fü**ß**e
c) das Gla**s** → Glä**s**er
d) er nie**s**t → nie**s**en
e) es flie**ß**t → flie**ß**en
f) der Gru**ß** → grü**ß**en
g) gro**ß** → Grö**ß**e
h) sie gie**ß**t → gie**ß**en
i) Mau**s** → Mäu**s**e

Aufgabe 36

a) ich **las** b) du **misst** c) er **schloss** d) wir **ließen**
e) ihr **wisst** f) sie **rissen**

Aufgabe 37

misslingen, Missklang, misshandeln, Missgeschick, missbrauchen, missachten, Missverständnis, Missgestalt, Missmut, missbilligen, Misston, Missgunst, missdeuten, Missernte, missfallen, missraten

Aufgabe 38

Singular	Plural	Genitiv
das Erlebnis	die Erlebnisse	des Erlebnisses
das Ergebnis	die Ergebnisse	**des Ergebnisses**
das Zeugnis	**die Zeugnisse**	**des Zeugnisses**
das Geheimnis	**die Geheimnisse**	**des Geheimnisses**
das Verzeichnis	die Verzeichnisse	**des Verzeichnisses**

Aufgabe 39

a) Toni kauft sich am Kiosk ein Fitnessgetränk, **das** sehr lecker ist.
(welches)

b) **Das** Getränk besteht aus Johannisbeersaft, Honig und Wasser.
(Dieses/Dies)

c) Toni hofft, **dass** er den Drink zuhause nachmachen kann.
(–)

d) Toni ist sicher, **dass** der Drink auch bei seinen Freunden gut ankommt.
(–)

Aufgabe 40

		K	A	R	D
a)	Ich frage mich, ob **das** wirklich stimmt.				☒
b)	Ich hoffe, **dass** morgen nichts schiefgeht.	☒			
c)	**Das** Känguru, **das** in Australien heimisch ist, gehört zu den Beuteltieren.		☒	☒	
d)	Marie freut sich, **dass** sie sich heute Nachmittag mit ihren Freundinnen am Badesee treffen kann.	☒			
e)	**Das** war eine tolle Geburtstagsfeier!				☒
f)	**Das** diesjährige Sommerfest war ein großer Erfolg.		☒		
g)	„**Dass** du **das** geschafft hast!"	☒			☒

Aufgabe 41

a) **Das** Handy dort links im Schaufenster gefällt mir besonders gut.
b) Schade, **dass** du keine Zeit hattest, mit ins Kino zu gehen.
c) Lisa war sehr stolz, **das** Rätsel als Erste gelöst zu haben.
d) Das Auto, **das** im Halteverbot stand, wurde abgeschleppt.
e) **Dass** du den 1. Platz belegt hast, freut mich sehr.
f) **Das** Spiel endete unentschieden.
g) **Das** ließ er sich nicht zweimal sagen!
h) Der Polizist erklärte, **dass** es keine Zeugen für den Vorfall gebe.
i) Denk daran, **dass** du den Akku regelmäßig aufladen musst.

3 Gleich und ähnlich klingende Laute

Aufgabe 42

1) XAVER 2) EXTRA 3) MIXEN 4) ALEXA 5) FELIX

Aufgabe 43

Lösungsvorschläge:

mittags	Mittag	augenblicks	Augenblick
Anhängsel	hängen	hinterrücks	Rücken
allerdings	Dinge	Klecks	kleckern
flugs	fliegen	Knicks	knicken
längs	Länge	tricksen	Trick

Aufgabe 44

„Ich kann zwar nicht he**x**en, aber das schaffe ich mit lin**ks**!", denkt sich Amelie. Rin**gs**herum liegen alte Schulhefte, Bücher und jede Menge Papierkram. Muc**ks**mäuschenstill macht sie sich ans Aufräumen. Jetzt können die Ferien beginnen!

Aufgabe 45

Explosionsgefahr	**Express**bote
Extrablatt	**Box**kampf
Luxusjacht	**Fremdwörter**lexikon

Aufgabe 46

a) Ke**ks**e	b) E**x**perte	c) Frühstü**cks**ei	d) Liebli**ngs**speisen
e) Pra**x**is	f) Wa**chs**	g) **X**ylophon	h) anfan**gs**
i) Mi**x**er	j) Fu**chs**	k) A**x**t	

Aufgabe 47

a) Hund	b) bunt	c) Zwerg	d) Werk
e) Sieb	f) piep		

Aufgabe 48

Lösungsvorschläge:

b) Zu**g**	**Züge**	h) berühm**t**	eine **berühmte** Sängerin
c) We**g**	**Wege**	i) Betrie**b**	**Betriebe**
d) Kru**g**	**Krüge**	j) Die**b**	des **Diebes**
e) run**d**	ein **rundes** Schild	k) gin**g**	**gingen**
f) Lan**d**	des **Landes**	l) Pum**p**	**pumpen**
g) Mark**t**	**Märkte**		

Aufgabe 49

~~liep~~	**lieb**	~~Felt~~	**Feld**
~~Bat~~	**Bad**	~~Lumb~~	**Lump**
~~Zweik~~	**Zweig**	~~hüpsch~~	**hübsch**
~~Raup~~	**Raub**	~~Tak~~	**Tag**

Aufgabe 50

eine gruseli**g**e Geschichte	**gruselig**
ein steini**g**er Weg	**steinig**
eine süßl**ich**e Speise	**süßlich**
ein goldi**g**er Hund	**goldig**
eine grünl**ich**e Färbung	**grünlich**

Aufgabe 51

kräft	ich ☐	ig ☒	**kräftig**
königl	ich ☒	ig ☐	**königlich**
saft	ich ☐	ig ☒	**saftig**
kleinl	ich ☒	ig ☐	**kleinlich**
friedl	ich ☒	ig ☐	**friedlich**

Aufgabe 52

Lösungsvorschläge:

a) Hände
Hand

b) häuslich
Haus

c) sich schnäuzen
Schnauze

d) schwächlich
schwach

e) Fähre
fahren

f) glätten
glatt

g) Räuber
Raub

h) gläubig
glauben

i) Ärmel
Arm

Aufgabe 53

Lösungsvorschläge

(*Mitunter kannst du die Nomen mit beiden Endungen zusammensetzen: z.B. „Gärtlein" oder auch „Gärtchen".*)

Kränzchen, Hähnchen, Gärtlein, Rädchen, Häslein, Pferdchen, Gräslein, Lädchen, Fädchen, Äpfelchen, Schälchen, Schränklein

Aufgabe 54

Trägheit	Grätschsprung	Säbelklinge
Dämmerung	Märchenfee	Mädchenkleid
Dämlichkeit	Schädelbruch	Spähtrupp

Aufgabe 55

eu: Streusel, feurig, heute, Beutel, Teufel
äu: täuschen, Säugling, läuten, häufig, häuslich

Aufgabe 56

Freunde, Bäume, Fäuste, Gäule, Flugzeuge, Kräuter, Läuse, Schläuche, Sträucher, Sträuße, Mäuse, Räume, Häuser, Häute, Bräute

Aufgabe 57

Daumen	Teufel	Schaufel	Auge
Däumchen	**Teufelchen**	**Schäufelchen**	**Äuglein**
Taube	Mauer	Freund	Strauß
Täubchen	**Mäuerchen**	**Freundchen**	**Stäußchen**

Aufgabe 58

a) Stängel	h) schwänzen
b) Mäuse	i) Gänse
c) Häuser	j) Meute
d) schnäuzen	k) heute Morgen
e) viele Leute	l) Freude
f) Scheusal	m) sich räuspern
g) träumen	n) bläulich

Aufgabe 59

Waisenhaus, Brotlaib, Kaimauer, Detailplan, Maisfeld, Geigensaite, Buchenhain, Taillenweite

Aufgabe 60

Hafenbai	Froschlaich	Kaimauer
Futtermais	Halbwaise	Kaiserkrone
Gitarrensaite	Brotlaib	Haifisch

Aufgabe 61

a) Pizza ist meine absolute **Leib**speise.
b) Weil wir so eine große Familie sind, essen wir jeden Tag einen **Laib** Brot.
c) Beim Vorspielen ist die **Saite** an meiner Gitarre gerissen.
d) Dieses Buch war so spannend, dass ich jede **Seite** verschlungen habe.
e) Mein Bruder nimmt sich ständig **mein** Handy, ohne zu fragen.
f) Manchmal fahren wir mit unserem Kajak auf dem **Main**.
g) Seit dem tödlichen Autounfall ihrer Eltern ist sie eine **Waise**.
h) Das Rätsel kannst du auf verschiedene **Weise** lösen.

4 Groß- und Kleinschreibung

Aufgabe 62

a) **M**eine kleine **S**chwester isst am liebsten **S**chokoladenpudding.
b) **M**ein **A**ufsatz trägt den **T**itel „**D**ie **E**rfindung des **F**ahrrads“.
c) **A**m **D**ienstag fiel das **F**ußballtraining aus.
d) **D**as habe ich befürchtet: **D**a fehlt doch tatsächlich eine **S**chraube!
e) **L**ena hat im **G**arten eine **S**onnenblume gepflanzt.
f) „**D**ame“ und „**M**ühle“ sind **B**rettspiele.

Aufgabe 63

Adjektiv	Nomen	Verb	Nomen
klug	Klugheit	erinnern	Erinnerung
wirklich	Wirklichkeit	erleichtern	Erleichterung
dunkel	Dunkelheit	versuchen	Versuchung
ehrlich	Ehrlichkeit	wandern	Wanderung
wahr	Wahrheit	einladen	Einladung
gemein	Gemeinheit	entfernen	Entfernung
gesund	Gesundheit	beleidigen	Beleidigung
traurig	Traurigkeit	anstrengen	Anstrengung
selten	Seltenheit	verletzen	Verletzung

Aufgabe 64

Reich**tum** Erleb**nis** Müh**sal**
Anhäng**sel** Lieb**ling** Freund**schaft**

Aufgabe 65

Kennzeichen Buntspecht Vielfraß
Leitplanke Graumeise Rückweg
Fahrschule Rotkehlchen Überschrift

Aufgabe 66

Einhorn, Edelmetall, Treibstoff, Vorsicht, Weichkäse, Rennrad, Kleinkind, Hochhaus, Schleifmaschine, Buntspecht, Eigentor, Blaulicht

Aufgabe 67

nominalisiertes Adjektiv mit Artikel	nominalisiertes Adjektiv mit Pronomen	nominalisiertes Adjektiv mit Präposition	nominalisiertes Adjektiv mit Mengenangabe
das Besondere das Prächtigste	unser Bestes	ins Ungewisse ins Blaue vom Wundervollen	etwas Exotisches etwas Heiteres und Unbeschwertes

Aufgabe 68

Lösungsvorschläge:
etwas Gutes, wenig Gutes, nichts Gutes, das Gute, viel Gutes, alles Gute, ins Blaue, nichts Blaues, das Blau, dieses Blau, viel Blaues, alles Blaue, etwas Schönes, wenig Schönes, nichts Schönes, das Schöne, dieses Schöne, viel Schönes, alles Schöne, etwas Wahres, wenig Wahres, nichts Wahres, das Wahre, viel Wahres, alles Wahre

Aufgabe 69

Wenn er zahlen muss, trifft es keinen **Armen**. Besser **arm** und gesund, als reich krank. Er hat vielen **Armen** geholfen.

Alina kauft einen **schönen** Sommerhut. Sie ist allem **Schönen** zugetan. Wir haben im Urlaub viel **Schönes** erlebt. Sei **schön** brav!

Die **finstere** Nacht wirkt unheimlich. Im **Finstern** fürchte ich mich. Im Keller ist es kalt und **finster**.

Aufgabe 70

Es gibt nichts **Unangenehmeres** als einen Sonnenstich. Der Kopf schmerzt und man verträgt nichts **Lautes** um sich herum. Das **Üble** ist, dass es manchen Leuten auch richtig **übel** dabei ist. Sie meiden das **Helle** und erholen sich eher im **dunklen** Zimmer. Dabei kann es so einfach sein, sich davor zu schützen: mit einer Mütze!

Aufgabe 71

a) Die Mathehausaufgaben fand ich heute **leicht**.
b) Das **Schrecklichste** in der Schule ist die Sportstunde.
c) Nadja kann einfach am **besten** singen.
d) Ich finde die Pausen **gut**.
e) Das **Beste** an den Pausen ist das Schülercafé.
f) Im Biologieunterricht erfahren wir immer viel **Interessantes**.

Aufgabe 72

Verben: sehen, sagen, malen, abwaschen, lesen, essen, atmen

Aufgabe 73

Unser **Singen** erfreut die Zuhörer. Schönes **Singen** ist ein Genuss. Kannst du nicht dein **Singen** bleiben lassen? Kannst du gut **singen**? Er störte die Nachtruhe der Nachbarn durch lautes **Singen**.

Wir **spielen** im Garten. Die Kinder sind beim **Spielen**. Willst du mit mir **spielen**? Hast du Lust zum **Spielen**? Heute will ich mit meinen Freunden **spielen**.

Das **Wandern** ist des Müllers Lust. Zum richtigen **Wandern** gehört festes Schuhwerk. Der Albverein geht am Sonntag **wandern**. Stetes **Wandern** hält dich fit und gesund. Beim **Wandern** haben wir schon viele schöne Erlebnisse gehabt.

Aufgabe 74

a) Sonja hatte uns zum **Essen** eingeladen.
b) In den Ferien kann ich endlich **ausschlafen**.
c) Beim **Kopieren** der Datei ist Mark ein Fehler passiert.
d) Das laute **Heulen** der Sirenen war überall zu hören.
e) Alle staunten über das große **Können** der Artisten.
f) „Hoffentlich müssen wir nicht so lange **warten**!"
g) Das war nicht zum **Lachen**!
h) Ihr **Schimpfen** wird ihnen nichts nützen.
i) Der Pkw bog rechts ab, ohne zu **blinken**.
j) Er winkte uns im **Vorbeigehen** zu.
k) Sie kennen sich vom **Sehen**.
l) Nach einigem **Zögern** sprang er vom 10-Meter-Brett.

Aufgabe 75

a) Passendes
b) Gebildete
c) Suchenden
d) Gesagtes
e) Reisenden
f) Gebratenes

Aufgabe 76

Tütensuppe
Füllen **S**ie den Topf mit einem halben Liter Wasser. Bringen **S**ie dieses Wasser zum Kochen. Öffnen **S**ie nun die Tüte mit dem Pulver und geben **S**ie den Inhalt unter ständigem Umrühren in das Wasser. Achten **S**ie darauf, dass das Pulver im Wasser keine Klumpen bildet. Lassen **S**ie nun die Suppe bei schwacher Hitze fünf bis sieben Minuten kochen und servieren **S**ie die Suppe **I**hren Gästen sofort. Lassen auch **S**ie sich **I**hre Suppe schmecken.

Aufgabe 77

Hallo Amina,
wie geht es **d**ir? Wie geht es **d**einer Familie und **d**einen Tieren? Nun ist bald schon ein Monat seit **e**urem Umzug vergangen und **d**u fehlst mir immer noch sehr. Es ist total langweilig ohne **d**ich. Gestern habe ich **d**ich angerufen, aber leider warst **d**u nicht **d**a. Hast **d**u schon neue Freundinnen gefunden? Und wie geht es **e**uren Katzen? So gerne würde ich sie streicheln. Lass bald mal etwas von **d**ir hören.
Liebe Grüße von Fatma
(*Alle gesuchten Pronomen kannst du auch mit einem großen Anfangsbuchstaben schreiben.*)

Aufgabe 78

Hallo Fatma,
vielen Dank für **deine/Deine** Nachricht. Schade, dass ich nicht mit **dir/Dir** telefonieren konnte. **Du** fehlst mir auch. Meine neue Klasse ist zwar nett, aber so eine Freundin wie **dich/Dich** habe ich noch nicht gefunden. Unseren Katzen geht es gut. Leider haben wir hier keinen mehr, der **sie** so verwöhnt wie **du/Du**. Erlauben **deine/Deine** Eltern **dir/Dir** immer noch keine Haustiere? So, ich bin mit zwei Mädchen aus meiner Klasse fürs Freibad verabredet. Drückst **du/Du** mir die Daumen, dass wir uns gut verstehen?
Es grüßt **dich/Dich deine/Deine** Amina

5 Getrennt- und Zusammenschreibung

Aufgabe 79

Adjektiv	Verb	Zahlwort	Präposition
schön	lachen	zwei	über
billig	singen	acht	auf

Aufgabe 80

b) Schuhe für den Sport	**Sportschuhe**
c) Tor zum Garten	**Gartentor**
d) Bonbon gegen Husten	**Hustenbonbon**
e) Flocken aus Hafer	**Haferflocken**

Aufgabe 81

Handpuppenspiel, Butterbrotpapier, Zauberkunststück, Fußballverein, Geldschrankknacker

Aufgabe 82

Sprache	Geheimsprache	Kind	Kleinkind
Wasser	Hochwasser	Gut	Leergut
Straße	Schnellstraße	Stift	Rotstift
Brot	Weißbrot		

Aufgabe 83

b) Schutzimpfung	= schützen	+ Impfung
c) Sprühdose	= sprühen	+ Dose
d) Knallfrosch	= knallen	+ Frosch
e) Bohrloch	= bohren	+ Loch
f) Laufschuhe	= laufen	+ Schuhe
g) Wanderweg	= wandern	+ Weg
h) Nagezahn	= nagen	+ Zahn
i) Schwimmweste	= schwimmen	+ Weste
j) Fressnapf	= fressen	+ Napf

Aufgabe 84

b) der **Zweikampf**	= zwei	+ Kampf
c) das **Dreieck**	= drei	+ Eck
d) der Zweitwagen	= **zweite**	+ Wagen
e) ein **Viertelpfund**	= ein Viertel	+ Pfund
f) eine Sechzehntelnote	= sechszehn	+ **Note**
g) ein **Achtelliter**	= ein Achtel	+ Liter

Aufgabe 85

nach: Nachsicht, Nachname, Nachmittag
über: Überstunde, Überfall, Übersicht, Überfluss
unter: Untergeschoss, Untergrund, Untergang, Unterbau
zwischen: Zwischenzeit, Zwischenraum, Zwischendeck, Zwischenfall

Aufgabe 86

a) Wir wollen an diesem Wochenende **Rad fahren**.
b) Am Abend werden wir in einer Jugendherberge **Rast machen**.
c) Dort werden wir **Radio hören**, um den Wetterbericht zu verfolgen.
d) Es soll dort auch ein großes Fest **stattfinden**.
e) Daran möchten wir gerne **teilnehmen**.

Aufgabe 87

Lösungsvorschläge:
a) Wenn wir am Wochenende in den Zoo gehen, werde ich von den Tieren viele **Fotos schießen**.
b) Sara möchte nach den Hausaufgaben **Musik hören**.

Aufgabe 88

Wäsche waschen, eislaufen, schlafwandeln, Schlange stehen, preisgeben, Kakao trinken, Auto fahren

Aufgabe 89

das/beim **Skilaufen**; das/beim **Eisessen**; das/beim **Schlittenfahren**

Aufgabe 90

schlafen gehen, sitzen bleiben, hängenbleiben, baden gehen, stehen lassen, badengehen, gehenlassen, spazieren gehen, schmecken lassen, spielen gehen, liegen bleiben.

Aufgabe 91

Daniel wollte **sichergehen**, dass alles klappt.
Auf dem holprigen Boden konnte ich nicht **sicher gehen**.

Auf dieser gefährlichen Treppe kann man **schwer fallen**.
Diese Übungen werden dir nicht **schwerfallen**.

Aufgabe 92

b) Teure Vasen sollte man nicht **kaputt machen**.
c) Den Berg hinaufzusteigen, wird dir **leichtfallen**.
d) Du darfst in der Straßenbahn nicht **schwarzfahren**.
e) Bei deinem Vortag musst du **langsam sprechen**.
f) Bei 37° im Schatten musst du die Limonade unbedingt **kalt stellen**.
g) Das neue Waschmittel soll die Wäsche durch und durch **rein waschen**.
h) Warum nur muss er andere immer so **schlechtmachen**.
i) Ben wird dich heute beim Spiel vielleicht **schachmatt setzen**.
j) Am Satzanfang musst du **großschreiben**.
k) Du sollst doch nicht immer so **schief gehen**.
l) Das wird schon **schiefgehen**!

Aufgabe 93

a) warme Sommernäch**te**
b) fri**sches** Obst
c) die Schultasche pa**cken**
d) ein Bü**cher**regal
e) ein Foto schie**ßen**
f) pünkt**lich** sein
g) Fens**ter**putzer
h) ein Mes**ser** schär**fen**

Aufgabe 94

Bei Wörtern, die an mehreren Stellen getrennt werden können, musst du dich für eine der angegebenen Möglichkeiten entschieden haben.
des-halb / Vor-sicht / prü-fe / Schu-le / Er-fol-ge / Zeug-nis-no-ten / soll-test / Ge-sund-heit / ver-treibst

Aufgabe 95

er-zäh-len / an-schei-nend / flüs-tern / über-le-ge / Leu-te / Stern-zei-chen / al-le Er-leb-nis-se / Er-fah-rungen / ver-las-se / Ver-stand / Klug-heit / Ge-sund-heit / ach-ten / oder / Sa-chen / Rat-schlä-ge / Schüt-zen / meis-tens

Aufgabe 96

heran: he-ran her-an
darauf: da-rauf dar-auf
warum: wa-rum war-um

6 Satzschlusszeichen und wörtliche Rede

Aufgabe 97

Matti geht heute nicht zur Schule. Er liegt krank im Bett. Seit gestern Abend hat Matti Fieber. Vielleicht hat er die Grippe, die einige Kinder aus seiner Klasse in der letzten Woche hatten. Matti langweilt sich. Wenn man krank ist, kann man weder lesen noch fernsehen, da man Kopfschmerzen hat. Matti schläft viel und hofft, dass er bald wieder gesund ist.

Aufgabe 98

a) Wann kommt endlich der Schulbus?	**Fragesatz**
b) Was für ein Tag!	**Ausrufesatz**
c) Hat es schon zum Unterricht geläutet?	**Fragesatz**
d) Morgen fällt Bio aus.	**Aussagesatz**

Aufgabe 99

b) Warum lispeln viele Schlangen?	(Fragesatz)
c) Schlangen können die Beine nicht einschlafen.	(Aussagesatz)
d) Stell dich gefälligst hinten an!	(Aufforderungssatz)
e) Ich spreche mit gespaltener Zunge.	(Aussagesatz)
f) Autsch, ich habe mir auf die Zunge gebissen!	(Ausrufesatz)
g) Lass mal deine Klappern hören!	(Aufforderungssatz)

Aufgabe 100

Die Luft in dem Tunnel roch modrig. Bist du sicher, dass wir hier richtig sind? fragte ich Juliane. Ich denke schon, gab sie zurück. Siehst du da vorne den schwachen Lichtschein? Nein, entgegnete ich.
Ich sehe nichts. Außerdem ist mir kalt. Plötzlich streifte etwas mein Gesicht. Verdammt, schrie ich, Fledermäuse gibt's hier auch! Schau doch genau hin, da vorne ist Tageslicht, beruhigte mich Juliane. Wir haben es gleich geschafft.

Aufgabe 101

a) Zoé sagt: „Ich möchte auf jeden Fall beim Schüleraustausch mitmachen."
b) Maria wundert sich: „Ich dachte, du traust dich nicht, allein in einem fremden Land zu sein."
c) Zoé erwidert: „Das stimmt schon. Ich hatte immer Angst vor der fremden Sprache."
d) „Seitdem ich aber im Sommer mit der Jugendfreizeit in England war", erklärt Zoé, „traue ich mir das zu. Mein Englisch ist gar nicht so schlecht."
e) „Außerdem kannst du ja auch noch mit Händen oder Füßen reden", antwortet Maria.

Aufgabe 102

„Wohin fliegen wir eigentlich“, fragt Tom.
Bill antwortet souverän: „Zur Sonne.“
„Spinnst du? Die ist doch viel zu heiß!“, protestiert Tom verängstigt.
„Klar, aber nur tagsüber“, beruhigt ihn Bill, „deshalb fliegen wir nachts.“

Aufgabe 103

a) „Welche Ziele für unsere Klassenfahrt schlagt ihr vor“, fragt Frau Özgül ihre Schüler, „wenn wir im Oktober auf Klassenfahrt gehen**?**“
b) „Ich bin für London“, äußert Ariane, „denn da können wir gleich unser Englisch verbessern.“
c) „Italien wäre perfekt“, schlägt Tim vor, „denn dort ist es im Herbst noch schön warm.“

7 Das Komma

Aufgabe 104

a) Im italienischen Restaurant gibt es Spaghetti, Lasagne, Fusilli und Tortellini.
b) Auf der Speisekarte stehen leckeres Gyros, gegrillter Fisch sowie würziges Zaziki.
c) Wiener Schnitzel oder Paprikaschnitzel – mir schmeckt beides!
d) Möchtest du heute Broccoli, Möhren oder Erbsen zu Mittag essen?

Aufgabe 105

a) In den Ferien werden wir jeden Tag ausschlafen, radeln, wandern und schwimmen gehen.
b) Hunde, Katzen, Pferde, Delfine gehören zu den Säugetieren.
c) In der Jugendpension trafen wir viele Briten und Franzosen, Schweden, Dänen und Norweger.
d) Alle halfen bei den Vorbereitungen für unser großes Schulfest: Schüler, Lehrer, Eltern.

Aufgabe 106

a) Möchtest du rote, weiße oder blaue Trauben essen? An diesem Stand gibt es besonders knackige weiße Trauben.
b) Jenny hat immer weißen, grünen, roten und schwarzen Tee im Küchenschrank. Heute gibt es einen schmackhaften schwarzen Tee.

Aufgabe 107

Konstanze schlenderte unachtsam den Gehweg entlang**. D**a stolperte sie auch schon über einen Gegenstand**. S**ie fiel und verletzte sich**. D**er Krankenwagen kam**. E**r brachte sie in das nächstgelegene Krankenhaus**. D**ort wurde sie behandelt**.**

Aufgabe 108

a) Anja spielt Flöte, Johannes spielt Klavier.
b) Alle werden leiser, der Unterricht beginnt.
c) Wollt ihr ein Eis essen (,) oder möchtet ihr lieber eine Limo trinken?
d) Ole läuft so schnell er kann, doch der Bus ist schon weg.
e) Sonja zieht sich warm an, denn sie geht nach draußen.
f) Petra macht Hausaufgaben, Pia ist schon damit fertig.
g) Marc liest ein Buch, sein Bruder hört Musik.
h) Entweder radeln wir am Wochenende (,) oder wir gehen zum Badesee.
i) Wiebke kennt sich in Stuttgart nicht aus, denn sie kommt aus Hamburg.

Aufgabe 109

a) Im Sommer ist es heiß, sodass viele Menschen schwimmen gehen.
b) Weil das Wetter so schön ist, gehen viele Menschen schwimmen.
c) Obwohl es regnet, sind heute viele Menschen draußen.
d) Es regnet, sodass die meisten Menschen nach Hause gehen.
e) Es ist der Regen, der die Menschen nach Hause treibt.

Konjunktionen und Pronomen:
a) sodass
b) Weil
c) Obwohl
d) sodass
e) der

Aufgabe 110

a) Julia beeilt sich, damit **sie nicht zu spät kommt**.
b) Johanna räumt auf, obwohl **sie keine Lust hat**.
c) Frederik hofft, dass **er das Spiel gewinnt**.

Aufgabe 111

Kerstin geht zum Training, obwohl sie keine Lust hat.

Aufgabe 112

a) Tina ruft Jens an, damit er ihr bei den Hausaufgaben hilft.
b) Thorsten hofft, dass morgen endlich das Paket ankommt.
c) Christopher spielt Saxofon, als es an der Tür klingelt.
d) Weil das Saxofon so laut ist, hört Christopher die Klingel nicht.

Aufgabe 113

a) Peter kommt, da es ihm zu heiß ist, erst später zur Grillparty.
b) Der Ballon, der bunte Reklame trägt, gewinnt an Höhe.
c) Das Auto, das gestern eine Panne hatte, wird heute repariert.
d) Josefine ruft, damit es auch ja alle hören, laut aus dem Fenster.

Aufgabe 114

Nebensatz, Hauptsatz
Da er in einer Band spielen will, lernt Kai Schlagzeug.
Hauptsatz, Nebensatz, Hauptsatz
Paul kann, obwohl er wenig übt, gut Skateboard fahren.
(*Auch möglich:* Paul, obwohl er wenig übt, kann gut Skateboard fahren.)

Aufgabe 115

a) Kinder, hört doch mal zu. Hört doch mal zu, Kinder!
b) Du, stell dir vor, was mir passiert ist!
c) Für heute sende ich dir, lieber Benni, schöne Grüße.
d) Tanja, kannst du bitte mal kommen?

Aufgabe 116

a) Oh, da bin ich aber gespannt!
b) Auweia, wenn das jemand merkt!
c) Ach, das ist aber schön!
d) Juhu, endlich Ferien!

Wenn du bei einigen Tests unsicher warst oder Fehler gemacht hast, wiederhole einfach die entsprechenden Kapitel und Übungsaufgaben, die am Ende eines jeden Tests angegeben sind.

Test 1

a) Sch**ule** b) St**ar** c) **Uf**er d) r**asen** e) **Hos**e
f) **Nam**en
Seite 12 – 13, Aufgabe 1 – 4

Test 2

a) wahr, Schuhe, stehen, Wohnzimmer, nehme, strahlt, Schuhsohlen, stöhne, mehr, ihn, obwohl, fahren
b) Silbentrennendes *h*: Schu-he
Seite 14 – 16, Aufgabe 5 – 10

Test 3

H**aa**r, Id**ee**, S**ee**, M**oo**s, T**ee**, S**ee**le, Kl**ee**blatt, H**ee**r, B**ee**re, H**aa**re, Balls**aa**l, P**aa**r
Seite 17 – 18, Aufgabe 11 – 14

Test 4

l**ie**bt, Mus**i**k, l**ie**bsten, S**ie**, **ih**nen, v**ie**rzigjährigen, D**ie**nstjubiläum, **ih**rer,
W**ie**, v**ie**le, Mus**i**ker, s**ie**, g**i**bt, kompon**ier**t, L**ie**der, Melod**ie**n, v**ie**len, v**ie**lleicht
Seite 19 – 21, Aufgabe 15 – 19

Test 5

a) Ha**nd**ball
b) ko**ch**t / g**a**nze
c) So**nn**enu**nt**ergänge
d) i**mm**er
e) m**ö**chte / Freundi**nn**en
f) Joha**nn**a / ka**nn** / wa**ck**eln
g) besi**tz**t / H**a**mster
h) k**a**nn / spre**ch**en
i) Vane**ss**a / b**a**ckt / Pi**zz**a
j) a**ll**e
Seite 22 – 25, Aufgabe 20 – 27

Test 6

Fe**ttt**ropfen, sti**lll**egen, Me**sss**tation, Schlu**sss**trich, Bre**nnn**essel, Schi**fff**ahrt, Schlu**sss**zene
Seite 26 – 27, Aufgabe 28 – 29

Test 7

a) Mu**s**ikinstrument b) flie**ß**en c) bla**s**en d) rie**s**ige
e) Au**ß**erdem f) Prei**s**
Seite 28 – 32, Aufgabe 30 – 36

Test 8

a) grüßen Gruß
b) schließen Schluss
c) reißen Riss
d) fassen Fass
e) beißen Biss
f) messen Maß
Seite 28 - 32, Aufgabe 30 - 36

Test 9

	Infinitiv	Präsens	Präteritum	Nomen
a)	essen	**ich esse**	ich aß	das Essen
b)	**gießen**	wir gießen	**wir gossen**	**das Gießen**
c)	**beißen**	er **beißt**	**er biss**	der Biss
d)	interessieren	ich **interessiere**	**ich interessierte**	**das Interesse**
e)	**fressen**	**es frisst**	es fraß	**das Fressen**

Seite 28 - 32, Aufgabe 30 - 36

Test 10

wei**ß**, sü**ß**, bi**ss**chen, flei**ß**ig, lä**ss**t, pa**ss**iert, Stra**ß**e, gro**ß**en, Ma**ss**e, pa**ss**ieren, fa**ss**en, ma**ß**los, la**ss**en, ha**ss**en
Seite 28 - 32, Aufgabe 30 - 36

Test 11

a) Ferienerleb**nis**
b) **miss**mutiges Gesicht
c) Geständ**nisses**
d) **miss**liche Lage
e) Hinder**nisse**
f) **Miss**verständ**nis**
Seite 33, Aufgabe 37 - 38

Test 12

a) das
b) dass
c) das
d) dass
e) das
f) das
g) dass
h) das
i) Das
Seite 34 - 35, Aufgabe 39 - 41

Test 13

a) Wachs
b) wechselhaft
c) bekleckst
d) Taxi
Seite 36 - 38, Aufgabe 42 - 46

Test 14

a) F**ax**
b) Bü**chs**e
c) Fu**chs**
d) wa**chs**en
e) Le**x**ikon
f) Glü**cks**tag
Seite 36 - 38, Aufgabe 42 - 46,

Test 15

a) tä**g**lich / Ta**g**e; b) Blumenbee**t** / Bee**t**e; c) Zauberst**ab** / Stä**b**e; d) Pfa**d** / Pfa**d**e; e) Spu**k** / spu**k**ig; f) Hu**p**konzert / hu**p**en
Seite 39 – 40, Aufgabe 47 – 49

Test 16

a) Gi**b;** b) **A**bend; c) Lie**b**lingsfarben / ro**t**; d) Bil**d** / Sie**b**druckverfahren; e) Eisber**g**
Seite 39 – 40, Aufgabe 47 – 49

Test 17

glück**lich**, grusel**ig**, Eifr**ig**, Süß**ig**keiten, Schließ**lich**, kürz**lich**, richt**ig**, ruh**ig**en, nerv**ig**, ein**ig**e, ziem**lich**, unchrist**lich**, kräft**ig**
Seite 41, Aufgabe 50 – 51

Test 18

G**ä**nse, fr**e**ssen, Gr**ä**ser, Graug**ä**nse, h**e**lle, Fl**e**cken, H**e**rbst, **e**s, w**ä**rmer
Seite 42 – 45, Aufgabe 52 – 58

Test 19

a) **ä**lter	b) tr**ä**ge	c) R**e**gen	d) **Ä**rger

Seite 42 – 45, Aufgabe 52 – 58

Test 20

a) freundlich	~~fräundlich~~	c) Häuptling	~~Heuptling~~
b) ~~Kreuter~~	Kräuter	d) läuten	~~leuten~~

Seite 42 – 45, Aufgabe 52 – 58

Test 21

a) K**äu**ze	c) Geb**äu**de	e) F**eu**erwehr
b) Werkz**eu**g	d) Kr**eu**zung	f) L**äu**se

Seite 42 – 45, Aufgabe 52 – 58

Test 22

1 + C: Manche H**ai**e legen **Ei**er.
2 + E: M**ei**ne Gitarre hat sechs S**ai**ten.
3 + A: In m**ei**nem Buch habe ich heute fünf S**ei**ten gelesen.
4 + B: B**ei**m Bäcker kaufe ich einen L**ai**b Brot.
5 + D: Der K**ai**ser hat neue Kl**ei**der.
Seite 46 – 47, Aufgabe 59 – 61

Test 23

Seifenopern, **O**per, **F**ernseher, **H**ausfrau, **H**ausfrau, **S**eifenopern, **H**ausfrauen, **S**taaten, **R**adio, **I**dee, **W**aschmittelfirmen, **S**eifen, **S**eifenopern, **H**ausfrauen, **H**ausarbeit, **E**ndlosserien, **U**nterhaltung, **S**endung, **S**erien, **S**eifenwerbung
Seite 48 – 50, Aufgabe 62 – 66

Test 24

a) viel Enttäuschendes b) etwas Gefrorenes c) das Gesagte
Seite 55 – 57, Aufgabe 75

Test 25

schwarze, **s**pitze, **G**rinsen, **B**esonderes, **T**ragen, **H**ässliches, **d**enken, **L**ästern
Seite 51 – 57, Aufgabe 67 – 74

Test 26

a) **w**ir, **S**ie, **u**nserem
b) **d**ir, **d**ich, **d**ein
Seite 58 – 59, Aufgabe 76 – 78

Test 27

Sommertag, Freibadwetter, Badetasche, Badehose, Salzwasser, Sonnenbrand
Seite 60 – 63, Aufgabe 79 – 85

Test 28

a) wischen b) drehen c) rennen d) trinken
Seite 60 – 63, Aufgabe 79 – 85

Test 29

a) an + **Zahl** → **Anzahl**
b) frei + **Zeit** → **Freizeit**
c) um + **Weg** → **Umweg**
d) frisch + **Luft** → **Frischluft**
e) viertel + **Liter** → **Viertelliter**
Seite 60 – 63, Aufgabe 79 – 85

Test 30

a) Vor der Eisdiele müssen wir in der Hitze **Schlange stehen**.
b) Zum Glück habe ich meine Trinkflasche dabei und kann **Wasser trinken**.
c) Lisa achtet immer auf ihre Figur und will deshalb kein **Eis essen**.
d) Statt weniger zu essen werde ich einfach mehr **Sport treiben**.
Seite 64 – 65, Aufgabe 86 – 89

Test 31

a) Zum **Schlangestehen** habe ich keine Lust.
b) Am Zeugnistag laden mich meine Eltern zum **Eisessen** ein.
Seite 64 – 65, Aufgabe 86 – 89

Test 32

Lösungsvorschläge:
liegen lassen; spazieren gehen; laufen lernen; liegen bleiben; schwimmen gehen; kennen lernen; gehen lassen; schlafen lassen; verloren gehen; stehen bleiben; sitzen bleiben
Seite 66, Aufgabe 90

Test 33

a) Silvia hat ihren Mantel an der Garderobe **hängenlassen** / <u>**hängen lassen**</u>.
b) Benjamin wird seinen besten Freund bestimmt nicht <u>**hängenlassen**</u> / **hängen lassen**.
c) Bevor Lisa ihre Freundin treffen darf, muss sie erst ihre Hausaufgaben **fertigmachen** / <u>**fertig machen**</u>.
d) Weil Sven sich nicht an die Regeln der Clique hält, wollen sie ihn <u>**fertigmachen**</u> / **fertig machen**.
e) Fabian hat für die Klassenarbeit nicht gelernt und will deshalb <u>**blaumachen**</u> / **blau machen**.
f) Die Wand im Badezimmer würde ich **blaumachen** / <u>**blau machen**</u>.
Seite 66 – 68, Aufgabe 90 – 92

Test 34

a) Ge-wit-ter-wol-ke	f) aber-mals	k) ein-an-der / ei-nan-der
b) Ja-cken-ta-sche	g) Fahr-rad-korb	l) Pflas-ter-stein
c) eben-falls	h) Li-mo-na-de	m) Efeu-ge-wächs
d) Sau-er-stoff-fla-sche	i) Oli-ve	n) Mü-cken-stich
e) hin-auf / hi-nauf	j) la-chen	o) Stro-phe

Seite 69 – 71, Aufgabe 93 – 96

Test 35

a) Hilfst du mir bei den Matheaufgaben**?**
b) David spielt am liebsten Fußball**.**
c) Lisa wünscht sich ein neues Handy zum Geburtstag**.**
d) Vorsicht an der Bahnsteigkante**!**
Seite 72 – 73, Aufgabe 97 – 99

Test 36

a) „Die Bedienungsanleitung versteht kein Mensch**!**", rief Tommy ärgerlich.
b) „Ja", antwortete Patrick, „der Kakao schmeckt lecker."
c) „Wann sind wir denn endlich da**?**", fragte Moritz ungeduldig.
d) „Der Eiffelturm ist 324 Meter hoch", erklärte Leonie.
Seite 74 - 76, Aufgabe 100 - 103

Test 37

a) „So was Dummes", schimpft Lea, „der Akku ist leer**.**"
b) Jenny fragt**:** „Wann wird der Film wiederholt**?**"
c) „Da schleicht jemand ums Haus", flüsterte Tina ängstlich.
Seite 74 - 76, Aufgabe 100 - 103

Test 38

Die Bäche, Flüsse sowie der große See sind zugefroren. Lina, Marina und Micha ziehen sich warm an: lange Unterhosen, dicke Wollsocken, warme Hemden, Skihosen, Mützen und Schals. Lina weiß nicht, ob sie die neuen roten oder die alten blauen Handschuhe mitnehmen soll. Dann packen die drei Schlittschuhe, heißen Tee sowie ein paar Kekse ein. Auf geht's zum Wintervergnügen!
Seite 77 - 78, Aufgabe 104 - 106

Test 39

a) Gestern war es teils regnerisch, teils windig und teils heiter.
b) Am liebsten trinke ich morgens Kakao, Milch, Saftschorle oder Eistee.
Seite 77 - 78, Aufgabe 104 - 106

Test 40

a) Max liest ein Buch **(,)** und Dominik malt ein Bild.
b) Entweder gewinnen wir das Spiel **(,)** oder wir werden es verlieren.
c) Der Gong ertönt **(,)** und alle Schülerinnen und Schüler gehen in die Klassen.
d) Leider war der Film total langweilig, aber sie ließen sich ihre gute Laune nicht verderben.
Seite 79 - 82, Aufgabe 107 - 114

Test 41

Wir besuchten Tina auf dem Reiterhof, der außerhalb des Dorfes liegt. Sie ist eine absolute Pferdenärrin, die schon seit ihrem fünften Lebensjahr reitet. Unbedingt wollte sie uns ihr Pferd, das schon viele Preise gewonnen hat, zeigen. Jessica, die jedes Dressurreiten im Fernsehen verfolgt, war begeistert. Sie wollte auch sofort den Stall, der ziemlich dreckig war, ausmisten. Doch leider mussten wir den Bus zurück noch erreichen, der sehr selten fährt.
Seite 79 - 82, Aufgabe 107 - 114

Test 42

a) Die Spieler von Pechvogel 04 verließen mit hängenden Schultern den Platz, **weil** sie schon wieder eine Pleite kassiert hatten.
b) Der Erhalt der Klassenliga war nun vertan, **obwohl** sie sich so bemüht hatten.
c) Der Trainer kritisierte, **dass** sein Verein zu wenig Geld für gute Spieler ausgibt.

Seite 79 – 82, Aufgabe 107 – 114

Test 43

a) Oje, das habe ich ganz vergessen**!** (*Auch möglich*: Oje**!** Das habe ich ganz vergessen**!**)
b) Hilfst du mir beim Aufräumen, Vera**?**
c) Hallo, ist da jemand**?** (*Auch möglich*: Hallo, ist jemand da**?**)

Seite 83, Aufgabe 115 – 116

1 Gleich und ähnlich klingende Laute

Aufgabe 1

Filz, Fett, Vater, Fahne, Farm, Fibel, Vetter, Fach, Flocke, Flut, Vase, Faden, Fisch, Veilchen, Fest, Fall

Aufgabe 2

Noch be**v**or es **f**riert, **f**liegen die **V**ögel in den Süden. Während ihres **F**lugs kann man beobachten, dass sie in einer bestimmten **F**ormation **f**liegen. **V**orne **f**liegen meistens wenige Tiere **v**oran, und der Rest des Schwarms **f**liegt v-**f**örmig hinterher. Dann **f**liegen sie über **F**elder und **F**lüsse bis nach A**f**rika.

Aufgabe 3

Veilchen	**F**eile	**Pf**lege	**F**legel
Faser	**Ph**ase	Har**f**e	Lar**v**e
Vater	**v**age	Trium**ph**	stum**pf**
viel (oder: **f**iel)	**f**iel (oder: **v**iel)	**f**licken	**pf**lücken
tra**f**	bra**v**	tie**f**	akti**v**

Aufgabe 4

heilen / verheilen; fluchen / verfluchen; reisen / verreisen; tauschen / vertauschen; klein / verkleinern; ehren / verehren; rosten / verrosten; spotten / verspotten

Aufgabe 5

die **Ver**sammlung, das **Voll**kornmehl, das **Vorder**rad, der **Ver**kehr, der **Ver**brauch, der **Ver**dacht, das **Vorder**teil, die **Vorder**achse, die **Vor**silbe, der **Voll**bart, das **Ver**steck, der **Ver**rat, der **Ver**band, die **Ver**gangenheit, die **Voll**milch, der **Voll**mond, der **Vor**turner, das **Ver**trauen, die **Vor**freude

Aufgabe 6

Jonas: Ich möchte später mal Che**f**koch werden. Ich mag es, mit Tö**pf**en und **Pf**annen zu hantieren und leckere Sachen zu kochen. Meine Mutter hil**f**t mir dabei.
Marie: Mein Beru**f**swunsch ist Apothekerin. Da**f**ür müsste ich **Ph**armazie studieren. Damit das klappt, muss ich mich nur noch ein paar Noten **v**erbessern.
Luzie: Ich werde **Pf**erdezüchterin. Ich habe meinen eigenen Ho**f** und mindestens 10 **Pf**erde. Selbst**v**erständlich sind die alle preisgekrönt! Was denkt ihr denn?

Aufgabe 7

1. Al**ph**abet; 2. Trium**ph**; 3. Katastro**ph**e; 4. Stro**ph**e; 5. As**ph**alt; 6. Apostro**ph**; 7. **Ph**os**ph**or; 8. **Ph**iloso**ph**; 9. Saxo**phon**/Saxo**fon**; 10. **Ph**ase

Aufgabe 8

end-: **end**gültig, **end**los, **end**lich, **End**ung
ent-: **ent**völkern, **ent**lassen, **ent**lohnen, **ent**senden

Aufgabe 9

waagerecht:	1. entfallen	2. endgültig	3. Entführer
	4. entgiften	6. endlos	7. Endsilbe
senkrecht:	1. entdecken	5. Entgelt	8. entkommen

Aufgabe 10

… es ist ja jetzt schon ein wenig her, **seit** ich dir das letzte Mal geschrieben habe. Ich kann dir sagen, **seit** mein Cousin Niels mit in meinem Zimmer wohnt, ist hier alles anders. Außerdem ist er gar nicht so schlimm, wie ich dachte. Meine Mutter sagte gestern schon zu uns: „Ihr **seid** mir zwei Herzchen!" Damit meinte sie wirklich nicht, dass wir nett und lieb seien. Unsere Nachbarin äußerte etwas Ähnliches als sie sagte: „Ihr **seid** ja wie Pech und Schwefel." Das sollte wohl bedeuten, dass Niels und ich ganz gut zusammenpassen und zu zweit einige Streiche aushecken. Es ist gar nicht so übel, **seit** Niels hier ist! Wie schaut es bei dir aus? **Seid** ihr in diesem Jahr schon im Schwarzwald gewandert? …

Aufgabe 11

„**Seit** ihr bei uns angekommen **seid**, geht es uns wieder gut."
„**Seid** ihr euch da sicher?"
„Ja, ganz sicher, **seit** vorgestern haben wir niemanden mehr für den Abwasch. Aber **seit** ihr da **seid**, ist dieses Problem gelöst."

Aufgabe 12

totarbeiten	**tod**sicher
todmüde	**tod**unglücklich
todlangweilig	**tot**sagen
totlachen	**tot**schlagen
totschweigen	**tod**schick
todernst	**tot**laufen

Aufgabe 13

b) Arbeits**stätte**
c) **statt**lich
d) **statt**finden
e) Innen**stadt**
f) **Stadt**rat
g) **Stadt**staat
h) **statt**dessen
i) Rast**stätte**
j) Haupt**stadt**
k) Kreis**stadt**
l) an**statt**

Aufgabe 14

Neptun, **das** Pferd von Anna, galoppiert schnell über **das** Gras, **das** sehr kurz geschnitten ist. Anna hofft, **dass** sie den hohen Sprung schaffen. Neptun fliegt über **das** letzte Hindernis. Anna ist erleichtert, **dass** sie **das** Turnier hinter sich hat. Sie lobt ihr Pferd, **das** viel geschafft hat.

Aufgabe 15

Dass das Fußball-Poster, **das** ich mir vor Jahren gekauft habe und **das** ziemlich teuer war, immer wieder von der Wand fiel, **das** regte mich damals so auf, **dass** ich es mit Tapetenkleister anklebte, und nun habe ich **das** Problem, **dass** ich **das** dumme Bild ertragen muss, wenn ich nicht **das** ganze Zimmer neu tapezieren will, aber **das** ist mir die Mühe eigentlich nicht wert.

Aufgabe 16

a) Oliver hat endlich seinen Fahrradschlüssel w**ie**dergefunden.
b) Dem leckeren Schokoladenpudding konnte niemand w**i**derstehen.
c) Der Zeuge verstrickte sich in W**i**dersprüche.
d) „Verflixt nochmal“, schimpft Paul, „ich habe schon w**ie**der verschlafen!“

Aufgabe 17

a) w**ie**derholen
b) w**i**dersetzen
c) W**i**derwille
d) w**ie**derkehren
e) w**i**derlich

2 Groß- und Kleinschreibung

Aufgabe 18

a) der **B**laue **P**lanet
b) die **F**ranzösische **R**evolution
c) das **N**eue **T**estament
d) das **W**eiße **H**aus
e) die **e**nglische **L**iteratur
f) die **E**uropäische **U**nion
g) die **n**orddeutsche **K**üste
h) das **S**chwarze **M**eer

Aufgabe 19

richtig: a), d), e), f)
Bei Satz f) wäre auch die Kleinschreibung richtig: die **r**ote Karte.
falsch: b), c), g)
Korrekturen: b) **F**liegender Pfeil
c) **t**echnischer Zeichner
g) die **L**aute Lotte / **H**eiße Öfen

Aufgabe 20

a) **V**ereinigten Staaten
b) **G**roßen Wagen / **K**leinen Bären
c) **n**orditalienischen Seen
d) **G**emeinen Stubenfliege
e) **d**eutschen Weine
f) **M**ainzer Fastnacht
g) **Z**weiten Weltkriegs
h) **z**weite Kind

Aufgabe 21

Nahen Osten
1. **H**amburger Flughafen
2. **B**laue Moschee
3. **R**oter Halbmond
4. **G**oldenes Horn
5. **S**chwarze Witwe / **V**orderen Orients
6. **R**oten Meer
7. **j**ordanischen Wüstenstadt
8. **F**rankfurter Flughafen

Aufgabe 22

a) fünften b) fünften c) Fünfte d) Fünf e) fünf

Aufgabe 23

a) Eins b) Zwei c) drei / Drei d) Vier

Aufgabe 24

Eine **Million** ist **tausend** mal **tausend**; eine Billion **tausend** Milliarden.

Aufgabe 25

Seit dreißig Jahren / zehn **Millionen** Euro / die Nummer **Eins** / von **sechs** Millionen / eine **Million** / der **erste** Oldtimer- oder Ferienhausbesitzer / beim **zweiten** Lottogewinn / die **Milliarde**

Aufgabe 26

a) Es stimmt, dass **ein drittel** Kilogramm Mehl mehr ist als **ein viertel** Kilogramm.
b) Nimm nicht zu viel, **ein Fünftel** von der Masse ist genug.
c) Es steht mal fest, dass **ein Viertel** mal **ein Drittel ein Zwölftel** ergibt.

Aufgabe 27

a) am Montag
b) mittwochnachmittags
c) Dienstagabend
d) heute Vormittag
e) der Donnerstagnachmittag
f) Freitagmorgen
g) übermorgen Abend
h) am Sonntagvormittag

Aufgabe 28

Weil meine Eltern berufstätig sind, müssen wir Kinder im Haushalt mithelfen. Mein Bruder Daniel ist **montags** immer für die Spülmaschine zuständig, am **Mittwoch** muss er die Blumen gießen und **samstagvormittags** sein Zimmer aufräumen. Ich bin jeden **Samstag** für das Fegen der Treppe zuständig, muss mich **dienstags** um das Geschirr kümmern und mitunter am **Abend** noch etwas Wäsche bügeln. Ein Glück, dass wir **sonntags** immer frei haben. Da liegen wir dann bis zum **Mittag** im Bett.

Aufgabe 29

a) Mein Opa achtet nie auf die **grüne** Fußgängerampel.
b) Viele Autofahrer fahren bei **Rot** noch über die Kreuzung.
c) Eigentlich sollte man stehen bleiben, wenn die Ampel auf **Gelb** springt.
d) Die Farbe **Rot** ist nicht nur im Straßenverkehr ein Warnsignal.
e) An vielen Kreuzungen stehen **rote** Warnschilder.

Aufgabe 30

Inka liebt **Pink**. Ohne ihre Lieblingsfarbe **Pink** kann sie nicht leben. Sie schläft in **pinker** (pinkfarbener) Bettwäsche, die Wände ihres Zimmers sind **pink** gestrichen und sogar ihr Schreibtisch ist **pink**. Bei **Pink** kann sie einfach nicht widerstehen. Deshalb trägt sie auch jeden Tag **pinke** (pinkfarbene) Klamotten. Es macht ihr nichts aus, dass sie wegen ihrer **pinken** (pinkfarbenen) Leidenschaft schon einen Spitznamen bekommen hat: Pinki-Inki.

Aufgabe 31

a) deutsch
b) spanisch
c) Spanisch
d) englisch
e) Englisch
f) Arabisch
g) Deutsch
h) Spanisch
i) deutsche
j) Englisch
k) Englisch

Aufgabe 32

a) Sie hatte das gewisse **Etwas**.
b) Das ganze **Hin** und **Her** verzögerte den Beginn.
c) Mit lautem **Ach** und **Weh** stiegen sie den Berg hinauf.
d) Ich danke dir im **Voraus**.
e) Sie stimmten ohne **Wenn** und **Aber** zu.
f) Das **Drum** und **Dran** gefiel ihnen nicht.

Aufgabe 33

a) Er konnte zwischen Dein und **M**ein nicht unterscheiden.
Das rote ist dein Fahrrad; das grüne ist **m**eins.
b) Dauernd dieses **R**auf und **R**unter!
Er lief die Treppe **r**auf und **r**unter.
c) Sie grüßte mit einem freundlichen „**H**allo".
Sie sagte immer „**h**allo", wenn sie die Klasse betrat.
d) Er ging **a**uf und **a**b.
Sein Leben war ein ständiges **A**uf und **a**b.
e) Er stand fünfmal im **A**bseits.
Warum stehst du so **a**bseits?

Aufgabe 34

a) **s**chuld b) **S**chuld c) **a**ngst und **b**ange d) **A**ngst
e) **e**rnst f) **E**rnst

Aufgabe 35

a) Du hast recht/Recht, wir sollten endlich Hausaufgaben machen.
c) Da muss ich dir recht/Recht geben.

Aufgabe 36

a) „zumute sein"/zu Mute sein
b) „instand setzen"/in Stand setzen
c) „zuhause sein"/zu Hause sein

3 Getrennt-und Zusammenschreibung

Aufgabe 37

a) Zu meinem Geburtstag werde ich ein neues Fahrrad **geschenkt bekommen**.
b) Meine letzten vier Fahrräder sind allesamt **verloren gegangen**.
c) Vermutlich sind sie **gestohlen worden**.
d) Man sollte Fahrraddiebe wirklich **gefangen nehmen**.
e) All diese Wörter muss man **getrennt schreiben**.

Aufgabe 38

b) abseitsstehen
c) auseinanderstreben
d) vorwärtskommen
e) zugutekommen
f) beiseitelegen
g) zunichtemachen

Aufgabe 39

a) vorliebnehmen
b) nebeneinandersitzen
c) durcheinandergeraten

Aufgabe 40

a) arm sein
b) weg sein
c) satt sein
d) hässlich sein
e) traurig/unglücklich sein
f) faul sein
g) schwach sein
h) getrennt sein

Aufgabe 41

das Alleinsein, das Zusammensein, das Armsein

Aufgabe 42

a) gefallen
b) besuchen
c) zerteilen
d) empfinden
e) misslingen
f) erklären
g) verstecken

Aufgabe 43

auf: auflösen, aufgeben, aufmachen
vor: vorsagen, vorstellen, vordrängeln
aus: aussuchen, auslachen, ausgehen
hin: hingehen, hinbringen, hinfallen

Aufgabe 44

a) Ich schalte den Fernseher ein.
b) Ich schließe die Tür auf.
c) Ich entscheide mich endlich.
d) Du gibst an.
e) Du verstellst dich!
f) Er umfährt das Schild.
g) Er umarmt seinen Vater.

Aufgabe 45

b) er findet heraus / hat herausgefunden
c) du gehst hin / bist hingegangen
d) ihr versteht / habt verstanden
e) wir fallen auf / sind aufgefallen
f) Ruinen zerfallen / sind zerfallen
g) ich singe mit / habe mitgesungen
h) du wachst auf / bist aufgewacht
i) Tom hört zu / hat zugehört

Aufgabe 46

a) Präsens: Anna **stellt** schon wieder ihre Möbel **um**.
Präteritum: Anna **stellte** schon wieder ihre Möbel **um**.
b) Präsens: Lars **übersetzt** den Text ins Englische.
Präteritum: Lars **übersetzte** den Text ins Englische.
c) Präsens: Endlich **springt** der Funke **über**.
Präteritum: Endlich **sprang** der Funke **über**.
d) Präsens: Sie **setzen** mit dem Boot aufs Festland **über**.
Präteritum: Sie **setzten** mit dem Boot aufs Festland **über**.
e) Präsens: Sein Pferd **überspringt** fast jedes Hindernis.
Präteritum: Sein Pferd **übersprang** fast jedes Hindernis.
f) Präsens: Die jubelnden Fans **umstellen** ihre Spieler.
Präteritum: Die jubelnden Fans **umstellten** ihre Spieler.

Aufgabe 47

frühreif, feuchtwarm, schwerkrank, tiefblau, bitterböse, bitterernst, bitterkalt, dummdreist, zartbitter, nasskalt, lauwarm, hellblond, gutbürgerlich, leichtfertig, vollschlank, hochaktuell, neuartig, halbrund

Aufgabe 48

b) eiskalt	c) butterweich	d) blitzblank	e) nagelneu
f) meterhoch	g) aalglatt	h) glasklar	i) taufrisch

Aufgabe 49

b) fertig	schlagfertig
c) leicht	pflegeleicht
d) fest	stoßfest
e) voll	reizvoll
f) los	leblos
g) lustig	kauflustig
h) mutig	wagemutig

Aufgabe 50

a) Der Berg ist **gewaltig** hoch.
b) Nach der Wanderung waren alle **mächtig** hungrig.
c) Der Mathe-Test war **kinderleicht**.
d) Pit war sofort **hellwach**.
e) Saras Zimmer ist **leuchtend gelb** gestrichen.
f) Der **bläulich grüne** Pullover gefällt mir gut.

Aufgabe 51

b) Den **Not leidenden/notleidenden** Kindern muss geholfen werden.
c) Das **Gewinn bringende/gewinnbringende** Geschäft ist geplatzt.
d) Die Filmszene war **Ekel erregend/ekelerregend**.
e) Es wurden viele **Lieder grölende/liedergrölende** Fans festgenommen.
f) Die **Erdöl exportierenden/erdölexportierenden** Länder haben die Preise erhöht.
g) In Fantasy-Romanen kommen oft **Feuer speiende/feuerspeiende** Drachen vor.

Aufgabe 52

a) Ostereier sind oft **bunt gestreift**.
b) Die Eier sind zu **hart gekocht**.
c) Der Rasen ist **gut geschnitten**.
d) Der **hausgemachte** Kuchen schmeckt lecker.
e) Sein Vorschlag war nicht **ernst gemeint**.
f) Der Saal war **lichtdurchflutet**.
g) Die Tür ist **weit geöffnet**.
h) **Angsterfüllt** näherte er sich dem Ungeheuer.
i) Wichtige Wörter werden **fett** gedruckt.
j) Die Datei ist **schreibgeschützt**.

Aufgabe 53

Irgendwann wird **irgendjemand** von **irgendwoher** kommen und uns **irgendetwas** Wichtiges fragen, und dann wäre es gut, wenn **irgendwer irgendwie** antworten könnte.

Aufgabe 54

allseits, einmalig, widerspenstig, oftmals

Aufgabe 55

a) Wie weit b) Wie oft c) Wie lange d) Wie viele

Aufgabe 56

a) Soviel b) so viel c) Nachdem d) Nach dem
e) so bald f) Sobald

Aufgabe 57

a) Hawai-Inseln b) Tee-Ei c) Schwimm-Meisterschaft d) Druck-Erzeugnis (*oder*: Drucker-Zeugnis) e) Schrott-Transport

Aufgabe 58

a) ein- und ausschalten
b) Montag- und Dienstagnachmittag
c) Hin- und Rückfahrt
d) stadteinwärts und -auswärts/stadtein- und -auswärts

Aufgabe 59

a) A-Dur
b) 100-prozentig
c) UKW-Sender
d) x-mal
e) 25-jährig
f) UV-Schutz
g) WC-Artikel

Aufgabe 60

An den Zwei Eichen; Erich-Kästner-Weg; Zur Alten Festung

Aufgabe 61

A) zusammen: Kirchplatz, Mühlenstraße, Schillerplatz, Kurzstraße, Luisenstraße, Rheinpromenade, Bismarckstraße, Herderstraße, Mertensgasse, Königsallee, Brehmplatz, Staufenplatz
B) getrennt: Hohe Straße, Unter den Eichen, Ratinger Tor, Krummer Weg, Neuer Rathausplatz, Alte Kölner Straße, Grafenberger Allee, Kaiserswerther Straße, Am Rheinufer
C) mit Bindestrich: Graf-Adolf-Platz, Heinrich-Heine-Allee, Theodor-Heuß-Platz

4 Komma, Semikolon, Doppelpunkt

Aufgabe 62

a) Tim geht in sein Zimmer, um zu spielen.
b) Er wagte nicht (,) sich zu rühren.
c) Denk daran, den Koffer zu packen.
d) Anstatt sich zu freuen, schimpft er nur.
e) Sie fassten den Plan, ein Baumhaus zu bauen.
f) Wir bitten (,) das zu wiederholen.
g) Noch einmal schwimmen zu gehen, das hatten sie geplant.
h) Er traute sich nicht (,) etwas zu sagen.
i) Es war eure Idee, ihn einzuladen.

Aufgabe 63

Dustin mag es, spannende Bücher zu lesen. Er vergisst nie, sich zum Geburtstag oder zu Weihnachten neue Bücher zu wünschen. Diese dann auf seinem Regal platzsparend zu stapeln, das ist seine Lieblingsbeschäftigung. Neulich machte er abends das Licht aus, nicht ohne noch ein Buch auf das Regal zu legen. Mitten in der Nacht gab es ein Getöse. Vor Schreck sprang Dustin aus dem Bett. Was war geschehen? Um mehr erkennen zu können, machte Dustin das Licht an. All seine Bücher und das Regal auf seinem Bett wiederzufinden, das hatte er nicht erwartet. Nun war er einen Teil der Nacht damit beschäftigt, sein Bett aufzuräumen. Er würde den nächsten Tag damit verbringen müssen, eine neue Unterbringungsmöglichkeit für seine Bücher zu finden.

Aufgabe 64

Laut singend kam Hannah nach Hause. Die Türklinke in der Hand haltend, so rief sie nach ihrem Bruder. Dieser, seine Musik in dröhnender Lautstärke hörend, reagierte nicht. Hannah, vor die Wahl gestellt, überlegte: Sollte sie, Geduld beweisend, warten? Oder, ihren Bruder nervend, in sein Zimmer gehen? Hannah, immer Neues ausprobierend, hatte eine andere Idee. Leise kichernd öffnete sie den Sicherungskasten. Schnell hatte sie, sich auskennend, den richtigen Schalter gefunden. In die überraschende Stille hinein rief sie mit zuckersüße Stimme ein zweites Mal nach ihrem Bruder.

Aufgabe 65

a) Sie träumte davon, ein Star zu werden.
b) Ratlos umherirrend suchte er nach dem Hotel.
c) Völlig entkräftet, so schleppte er sich ins Ziel.
d) Ein schnelles Auto zu fahren, das war sein größter Wunsch.

Aufgabe 66

Nils liebt es, ins Kino zu gehen. Den nächsten Film will er, so seinen Geburtstag feiernd, mit seinen Freunden sehen. Nun ist er dabei, einen spannenden Film auszusuchen. Sein Freund Malte, eigentlich Abenteuerfilme bevorzugend, wäre auch damit einverstanden, einen Trickfilm zu sehen. Sein Cousin Jonas schlägt vor, Filme zu streamen. Er hat die Idee, die Zeit der Feier auszunutzen. Sie könnten zwei Filme sehen, statt ins Kino zu fahren. Nils, das Kino-Popcorn bereits vermissend, kann sich nicht entscheiden. Laut diskutierend kommen sie zu keiner Entscheidung.

Aufgabe 67

a) Der Umzugswagen, ein gelber LKW, stand den ganzen Nachmittag vor der Haustür.
b) Die Umzugshelfer, drei Männer der Umzugsfirma, arbeiteten den ganzen Tag.
c) Olaf, ein Freund meines Vaters, half auch beim Umzug mit.
d) Unser neuer Nachbar, ein kleiner, freundlicher Mann, begrüßte mich.
e) Das Schiller-Gymnasium, meine neue Schule, ist zum Glück nur wenige Fußminuten entfernt.

Aufgabe 68

a) Tim mag viele Sportarten, vor allem Fußball und Leichtathletik.
b) Die Probe beginnt morgen später, nämlich erst um 15.00 Uhr.
c) Julian trinkt am liebsten Fruchtsäfte, zum Beispiel Tomaten- oder Orangensaft.

Aufgabe 69

a) Sina, frühere Klassensprecherin der 8d, ist 15 Jahre alt.
b) Lore isst gerne frische Lebensmittel, insbesondere Obst und Gemüse.
c) Meine Taschenuhr, ein Erbstück meines Opas, ist uralt.
d) Wir treffen uns morgen Nachmittag, und zwar im Eiscafé am Stadtpark, und gehen dann gemeinsam ins Kino.
e) Nudeln schmecken am besten, wenn sie al dente, also bissfest, gekocht sind.
f) Frau Winter, 45 Jahre, ist seit diesem Sommer Schulleiterin.
g) Das Internet, ein weltumspannendes Kommunikationsnetz, ist für alle Menschen unentbehrlich geworden.
h) „Tintenherz", das berühmte Buch von Cornelia Funke, ist sehr spannend.

Aufgabe 70

a) Meine Brieffreundin wohnt in Bonn, Königsallee 23.
b) Wir treffen uns am Freitag in Köln, Stadtbücherei am Josef-Haubrich-Ring.
c) Meine Tante hat eine vornehme Adresse: Sie wohnt in London, Notting Hill.
d) Die Besprechung findet am Dienstag, 9.30 Uhr (,) statt.
e) Wir treffen uns bei Peter in Hamburg, Krabbenweg 14.
f) Anne kann leider erst später kommen, da sie bis Freitag, den 17. August (,) im Urlaub ist.
g) Ihr Flieger landet am Donnerstagabend, 22.00 Uhr (,) in Stuttgart.
h) Ich lade euch ein, meinen Geburtstag am Montag, den 13. Februar, von 15.00 bis 19.00 Uhr im Spaßbad Neptunus, Aquastr. 10 in Wasserstadt mit mir zu feiern.
i) Am Freitag, den 5. Mai (,) schreiben wir von 9.00 bis 10.00 Uhr einen Chemie-Test in Raum 9, erster Stock, Altbau.

Aufgabe 71

a) Die Klassenfete war total gut; ich habe den ganzen Abend getanzt.
b) Ich habe Grippe; deshalb konnte ich heute nicht in die Schule gehen.
c) Mein Freund hat mich ins Kino eingeladen; ich mache mich deshalb schick.

Aufgabe 72

a) Robins Reisegepäck bestand aus Fahrkarte und Reisepass; Essen und Trinken; Schlafsack und Isomatte; Kamera, Ersatzwäsche, Handy und einem Foto seiner Liebsten.
b) In unserem Ferienhotel gab es ein fantastisches Büffet. Es bestand aus: Salami und Schinken; Gouda, Emmentaler und Bergkäse; Marmelade, Nuss-Nugat-Aufstrich und Honig; Kaffee und Tee; Melone, Ananas, Erdbeeren und Bananen.

Aufgabe 73

Tom schreit: „Hey, drängelt doch nicht so." Die Drängler sind seine Klassenkameraden: Lars, Tobias, Mario, Marco. Die Pausenglocke dröhnt, Stühle fallen um, Mädchen kreischen, Jungen brüllen quer über den Schulhof: Das ist der Lärm des Schulhofes. Erst gestern hatte der Schulleiter deshalb alle versammelt: die SMV, den Lehrerrat, den Elternbeirat. Ihr Beschluss lautete: Eine gemeinsame Hofpause gibt es bald nicht mehr.

Aufgabe 74

In den unteren Klassen gab es mal wieder Streit. Deshalb mussten die vier Schüler aus den Klassen: 8c und 8d in Aktion treten. Sie waren Streitschlichter und zu ihnen gehörten: Dennis, Marcel, Jakob, Robin. Im letzten Jahr hatten sie alles gelernt, was für eine Schlichtung in der Pause notwendig ist, wie zum Beispiel: einander ausreden lassen, zuhören und keine Beschimpfungen. Die Schule hat dafür extra einen Raum eingerichtet. Ihn können auch andere nutzen, nämlich: die Klassensprecherinnen und Klassensprecher, die Lehrenden und kranke Kinder. Seine Ausstattung: ein runder Tisch, vier Stühle, Regelplakate an der Wand, Taschentücher. Manchmal fließen hier nämlich auch: Tränen.

Wenn du bei einigen Tests unsicher warst oder Fehler gemacht hast, wiederhole einfach die entsprechenden Kapitel und Übungsaufgaben, die am Ende eines jeden Tests angegeben sind.

Test 1

Vase; wert**v**olle; **V**ase; Urgroß**v**aters; **V**etter; **V**ormittag; un**v**orsichtig; **V**ase; **v**iele; zer**f**iel
Seite 112 – 115, Aufgabe 1 – 7

Test 2

a) Feder	b) stumpf	c) dumpf	d) Pfau

Seite 112 – 115, Aufgabe 1 – 7

Test 3

a) Katastro**ph**e	b) Del**f**ine	c) Paragra**f**en	d) **Ph**ysik

Seite 112 – 115, Aufgabe 1 – 7

Test 4

a) en**d**gültig	d) to**t**gelacht	g) En**d**spurt	j) to**t**schweigen
b) to**d**sicherer	e) to**d**ernste	h) en**t**kalkt,	k) en**t**fällt
c) en**t**setzlich	f) en**t**schieden	i) to**d**schick	

Seite 116 – 119, Aufgabe 8 – 9, 12

Test 5

a) seit	b) Seid	c) Seit	d) seid

Seite 116 – 119, Aufgabe 10 – 11

Test 6

a) Groß**städt**erin	b) Welt**stadt**	c) Werk**statt**
d) **Stadt**bücherei	e) Kindertages**stätte**	f) **statt**finden

Seite 116 – 119, Aufgabe 13

Test 7

das wir letzten Montag geschrieben haben
das kann ich mir jetzt schon denken
dass ich kaum aus den Augen schauen konnte
das hat mich sowieso erstaunt
dass das Konzert erst mit einstündiger Verspätung begann
das mal meinen Eltern klar
Das war vielleicht ein Theater
dass mein Diktat nicht auch „in die Hosen" gegangen ist
Seite 120, Aufgabe 14 – 15

Test 8

a) Frau Müh sagt immer, alles in der Geschichte würde sich stets w**ie**derholen.
b) W**ie**dersehen macht Freude, sage ich immer, wenn sich Zoé einen Stift von mir ausleiht.
c) W**i**der Willen musste ich mit zu diesem langweiligen Besuch.
d) Mein Opa wurde so streng erzogen, dass er keinem Erwachsenen w**i**dersprechen durfte.
e) So ein schreckliches Erlebnis sollte niemandem w**i**derfahren.
f) Amelie möchte sich w**ie**der für die Foto-AG anmelden.
g) Die Klette besitzt viele kleine W**i**derhaken.
Seite 121, Aufgabe 16 – 17

Test 9

a) **c**hinesischer Seide b) **M**ünchener Oktoberfest c) **w**estfälische Schinken
d) **S**chwäbische Alb e) **b**elgische Hauptstadt f) **S**ächsische Schweiz
Seite 122 – 124, Aufgabe 18 – 21

Test 10

a) Karl der ~~große~~ / Große war König der Franken.
b) Karl, der große / ~~Große~~ Fußballer, wurde auch König der Stürmer genannt.
c) Er malt das Brett schwarz / ~~Schwarz~~ an.
d) Wir haben neuerdings ein schwarzes / Schwarzes Brett.
e) Die römischen / ~~Römischen~~ Straßen sind breit und lang.
f) Das ~~römische~~ / Römische Reich existierte über 1000 Jahre.
Seite 122 – 124, Aufgabe 18 – 21

Test 11

a) Morgen feiert Mario seinen **vierzehnten** Geburtstag.
b) Jeder **Zweite** zieht **drei** Lose.
c) Die Sendung beginnt um **neun** Uhr **zwanzig**.
d) Sie hatte eine **Eins** in der **zweiten** Prüfung.
e) Sie übte jeden **dritten** Tag, um **Erste** zu werden.
f) Ich muss in einer **Viertelstunde** aufbrechen.
Seite 125 – 127, Aufgabe 22 – 26

Test 12

a) etwa zehn Milliarden; b) ein Drittel der Bevölkerung; c) zweitausend Euro;
d) jedes vierte Kind; e) am zehnten Mai; f) als Dritter
Seite 125 – 127, Aufgabe 22 – 26

Test 13

abends, **N**acht, **M**orgen, **m**ittags, **S**onntagmorgen, **n**achmittags
Seite 128 – 129, Aufgabe 27 – 28

Test 14

a) Schwarze; b) blau; c) Grüne; d) Rot; e) Gelb
Seite 130 – 131, Aufgabe 29 – 30

Test 15

a) Französisch; b) Spanisch; c) chinesisch; d) italienisch; e) englisch
Seite 130 – 131, Aufgabe 31

Test 16

Gestern haben meine Eltern Frau Huber das **D**u angeboten, weil sie die **E**inzige in unserem Haus war, die wir noch siezten. Später tat es uns jedoch **l**eid, denn sie begann sofort, alles Mögliche zu erzählen, was uns gar nicht interessierte. Wir erfuhren sofort die Lebensgeschichten aller Hausbewohner bis ins **E**inzelne. Die **m**eisten Mitbewohner neigten ihrer Meinung nach entweder zu übermäßigem Alkoholgenuss, **v**iele seien arbeitsscheu oder vernachlässigten ihre Kinder, **e**tliche putzten ihre Fenster selten und das Treppenhaus nie und der **e**ine oder **a**ndere versäume es, die Miete zu bezahlen. Mit **n**iemandem war Frau Huber einverstanden.
Nach einer geschlagenen Stunde konnten wir ihr mit **A**ch und **K**rach entkommen. Jetzt stellen wir uns im **V**oraus darauf ein, dass sie über uns sicherlich auch Unangenehmes verbreiten wird. Bestimmt wissen bald **a**lle, dass ich meine Lieblingssongs gerne laut in der Badewanne singe.
Seite 132 – 135, Aufgabe 32 – 35

Test 17

a) glänzend bestanden
b) rasend machen
c) geraucht werden
d) gestützt werden

Seite 136 – 138, Aufgabe 37

Test 18

a) Mein Vater hat das Essen **zubereitet**.
b) Ich freue mich schon darauf, euch alle **wiederzusehen**.
c) Die Brücke war beschädigt; wir sind nicht **hinübergegangen**.
d) Sie haben sich **vorgedrängelt**!
e) Claudia, **ruf** mich doch bitte morgen **an**.
f) Alle hatten Durst und **bestellten** sich etwas zu trinken.
g) Ein Zeuge berichtete: „Der Dieb **rannte weg** und **verschwand** in der Menschenmenge."

Seite 136 – 142, Aufgabe 38 – 39, 42 – 46

Test 19

~~berühmtsein~~	berühmt sein
~~umringtsein~~	umringt sein
~~zufriedensein~~	zufrieden sein

Seite 136 – 138, Aufgabe 40 – 41

Test 20

hochanständig, kleinlaut, tieftraurig, hellwach
Seite 143 – 145, Aufgabe 47

Test 21

a) bleischwer b) feuerrot c) pfeilschnell d) messerscharf
e) schneeweiß
Seite 143 – 145, Aufgabe 48

Test 22

a) reißfest b) glaubwürdig c) quietschvergnügt
d) treffsicher
Seite 143 – 145, Aufgabe 49

Test 23

a) Das **randvolle** Glas fiel zu Boden.
b) Er ist ein recht **leichtgläubiger** Mensch.
c) Das Model hatte **glänzend dunkles** Haar.
d) Die Nacht war **rabenschwarz**.
e) Der Moderator ist sehr **schlagfertig**.
Seite 143 – 145, Aufgabe 47 – 50

Test 24

a) ein Furcht einflößendes / **furchteinflößendes** Knurren
b) die Öl fördernden / **ölfördernden** Staaten
c) viele Rat suchende / **ratsuchende** Mitbürger
d) ein Funken sprühendes / **funkensprühendes** Feuerwerk
e) ein Feuer speiender / **feuerspeiender** Vulkan
Seite 146 – 147, Aufgabe 51

Test 25

a) In den **schwach bevölkerten** Gebieten Russlands leben zahlreiche **wild lebende** Tiere.
b) Es gibt **ernst gemeinte** Vorschläge, auch ausgerottete Tiere wie den Bären und den Luchs wieder in den **dicht bewachsenen** Wäldern Mitteleuropas anzusiedeln.
Seite 146 – 147, Aufgabe 52

Test 26

a) irgendjemand	b) Soweit	c) Wie viele	d) wie lange,
e) eindeutig zu weit	f) Irgendwie	g) So viel	

Seite 148 – 149, Aufgabe 53 – 56

Test 27

Gewinn-Nummer Schnee-Eule
Seite 150 – 151, Aufgabe 57

Test 28

Volley- und Handball; Küchenstühle und -tische; auf- und zuklappen
Seite 146 – 147, Aufgabe 58

Test 29

i-Tüpfelchen; 16-jährig; DVD-Recorder
Seite 146 – 147, Aufgabe 59

Test 30

a) Hüttenweg	b) Stuttgarter Platz	c) Am Kleinen Graben
d) Friedrich-Schiller-Allee	e) Märkisches Ufer	f) Drosselgasse

Seite 152 – 153, Aufgabe 60 – 61

Test 31

a) Ich gehe zum Tennisplatz, um zu trainieren.
b) Ich trainiere, um so erfolgreich wie berühmte Tennis-Stars zu werden.
c) Täglich stehe ich auf dem Tennisplatz, anstatt mich mit meiner Clique zu treffen.
d) Mein Freunde unterstützen mich, ohne zu murren.
e) Ich verspreche ihnen, sie nach Wimbledon einzuladen.
Seite 154 – 157, Aufgabe 62 – 66

Test 32

a) Konzentriert, auf alle Fallen achtend, bearbeitete sie die Aufgabe.
b) Ein spannendes Buch lesend (,) bemerkte sie nicht, dass das Telefon klingelte.
c) Mit vielen Infos ausgestattet, so gingen die Schülerinnen und Schüler auf Klassenfahrt.
d) Dann, endlich in Berlin angekommen, besuchten wir das Brandenburger Tor.

Seite 154–157, Aufgabe 62–66

Test 33

a) Der Medienraum, gerade neu eingerichtet, ist in unserer Schule besonders in der Mittagspause sehr beliebt.
b) Viele Schülerinnen und Schüler verwenden Informationen aus dem Netz, meistens für den Biologieunterricht.
c) Herr Finder, der Aufsichtslehrer, passt auf, dass wir keine verbotenen Seiten anschauen.
d) Laut einer Umfrage wollen die Schülerinnen und Schüler, vor allem ältere, den Medienraum auch nach der Mittagspause gerne nutzen.

Seite 158–159, Aufgabe 67–69

Test 34

War das ein schrecklicher Sturm gestern Abend am Bodensee! Er kündigte sich zwar schon am Mittwoch, den 28. Oktober (,) an, aber mit dieser Stärke rechneten die Meteorologen nicht. Gegen Vormittag, 11.00 Uhr (,) gab die Stadt Konstanz ihre erste Sturmwarnung heraus. Dennoch konnte man bis zum Nachmittag, 16.00 Uhr (,) immer noch einige Schiffe auf dem See entdecken. In Überlingen wurde der Fährverkehr bereits am 29. Oktober, 8.00 Uhr (,) eingestellt.

Seite 160, Aufgabe 70

Test 35

a) Die wörtliche Rede wird mit einem **Doppelpunkt** eingeleitet.
b) Eine Aufzählung kann mit einem **Doppelpunkt** eingeleitet werden.
c) Mit einem **Doppelpunkt** kann man Zusammenfassungen oder Schlussfolgerungen einleiten.
d) Mit dem **Semikolon** kann man die Aufzählung gleichrangiger Sätze oder Wortgruppen übersichtlich gliedern.
e) Nach dem **Doppelpunkt** schreibt man groß weiter, wenn ein selbstständiger Satz folgt.
f) Nach einem **Semikolon** schreibt man immer klein weiter, wenn kein Nomen oder Eigenname folgt.

Seite 161–163, Aufgabe 71–74

1 Fremdwörter

Aufgabe 1

Theater, **Rh**ythmus, M**a**is, Taba**k**, Ba**s**ar

Aufgabe 2

a) die Tournee b) das Konzert c) das Interview d) der Fan

Die Fremdwörter stammen aus dem Englischen, dem Französischen, dem Lateinischen und dem Italienischen.

Aufgabe 3

a) T**ea**m b) P**o**ster c) Sl**o**gan d) Disc**ou**nter
e) C**ou**ch f) S**a**fe g) Bodyb**ui**lding h) Inter**view**
i) B**oy**kott j) Q**ui**z k) P**i**pel**i**ne l) Bungal**ow**
m) Bla**z**er n) P**u**zzle

Aufgabe 4

a) Leasen b) Boom c) Trend

Aufgabe 5

a) Ladys b) Babys c) Story d) Hobbys e) Karnevalsparty

Aufgabe 6

Countdown/Count-down; Swimmingpool/Swimming-Pool; Notebook; Shoppingcenter/Shopping-Center; Babysitting, Fairplay, Blackout/Black-out, kidnappen

Aufgabe 7

Nugat, Spionage, engagieren, Saison, Café, Porträt, Fondue

Aufgabe 8

a) Rev**an**che b) bal**an**cieren c) Chans**on** d) Em**ai**lle
e) Mem**oi**ren f) Det**ail** g) Sais**on** h) Niv**eau**
i) Med**ai**lle j) Br**an**che k) **Toi**lette l) T**ai**lle
m) Plat**eau** n) Jarg**on** o) **Eau** de Toilette p) Tr**an**ce

Aufgabe 9

a) Parfüm, Toilette b) Pommes frites, Taille c) Büfett, Massage

Aufgabe 10

Kreme, Fasson, Polonäse, Kommunikee, Exposee, Haschee, Portmonee

Aufgabe 11

Joghurt (auch: Jogurt), kodieren, zirka, substanziell

Aufgabe 12

a) diskutieren
b) gratulieren
c) rasieren
d) kontrollieren
e) exportieren
f) nummerieren

Aufgabe 13

a) Kl**i**ma
b) Symmetr**ie**
c) Biograf**ie**
d) Tar**i**f
e) Havar**ie**
f) Term**i**n
g) Amnest**ie**
h) Epidem**ie**
i) Kam**i**n

Aufgabe 14

a) Atmosphäre
b) Strophe
c) physisch
d) Asphalt
e) Triumph
f) Pharmazie
g) Apostroph

Aufgabe 15

a) Megafon
b) Saxofon
c) Fotosynthese
d) Paragraf
e) Stenografie
f) Orthografie
g) Bibliografie
h) Mikrofon
i) Fantasie

Aufgabe 16

a) **Ph**rasendrescherei
b) positi**v**
c) Massi**v**e
d) Stati**v**
e) al**ph**abetisch
f) nai**v**
g) katastro**ph**al

Aufgabe 17

a) My**rr**e
b) Pan**t**er
c) **T**unfisch
d) A**th**let
e) Spa**g**etti
f) Jo**g**urt
g) Or**th**ografie
h) **Rh**y**th**mus

Aufgabe 18

a) Labyrinth
b) Bibliothek
c) Apotheke
d) Rheuma
e) Sympathie

Aufgabe 19

a) Mathematik
b) Atoll
c) Theke
d) Rhabarber
e) Äther
f) Thema
g) Strategie
h) Hypothek
i) Rhetorik
j) Theater
k) Rhinozeros
l) Atmosphäre

Aufgabe 20

a) Dieser große Container kann nur per Schiff **trans**portiert werden.
b) Ich wärme mir mein Mittagessen immer in der **Mikro**welle auf.
c) Die Milch ist oft sowohl pasteurisiert als auch **homo**genisiert.
d) Das Geschnatter der Gänse klingt ziemlich **dis**harmonisch.
e) Morgen werde ich in Deutsch eine **Prä**sentation über Friedrich Schiller halten.

Aufgabe 21

kooperieren konstruktiv	mit hinzu	↔	nicht zer-	disqualifizieren destruktiv
addieren Adoption	hinzu	↔	weg nicht	asozial anorm
Sympathie Sinfonie	zusammen für	↔	gegen	Antiterrorgruppe Antipathie
injizieren intern	hinein innerhalb	↔	hinaus außerhalb	extrahieren extern
Supermacht Superman	über	↔	unter	subsummieren submarin
prähistorisch präparieren	vor	↔	nach später	post mortem Postskriptum (PS.)

Aufgabe 22

a) psychisch
b) Telefon
c) Megafon
d) Physik
e) Mikrobiologie
f) Geologie
g) Biosphäre
h) monoton
i) Logopäde
j) Automobil
k) Fotografie
l) grafisch
m) Humanität
n) Philosoph

2 Getrennt- und Zusammenschreibung

Aufgabe 23

Schoko-Eisbecher
Hawaii-Inseln
Fußball-Weltmeisterschaft
Ballett-Tanzgruppe
Gewinn-Nummer
Tee-Ei

Aufgabe 24

a) Er hatte einen **16-Stunden-Tag**.
b) Sie glaubte nicht an die **„Anti-Falten-Wirkung"** dieser Creme.
c) Nach dem Auftritt der Ballett-Truppe spielte das **Zoo-Orchester**.
d) Sie besuchte das **Alexander-von-Humboldt-Gymnasium**.
e) Er machte eine **4-Tage-Diät**.
f) Die **Hin- und Rückfahrt** verlief reibungslos.
g) Sie buchten eine **14-tägige Reise**.

Aufgabe 25

¾-Takt; Frage-Antwort-Spiel; Kopf-an-Kopf-Rennen; Ich-Erzählung; Midlife-Crisis; Musiker-Leben; Baden-Württemberg; Bett-Tücher; Abend-Make-up; 2-Stunden-Einkauf; Tante-Rosa-Pizzeria; Friedrich-Schiller-Denkmal; Paul-Klee-Kalender

Wenn du bei einigen Tests unsicher warst oder Fehler gemacht hast, wiederhole einfach die entsprechenden Kapitel und Übungsaufgaben, die am Ende eines jeden Tests angegeben sind.

Test 1

cooler, Schulband, Publikum, Show, Forever, rockigen, Stars, Fan, Konzert
Seite 190 – 191, Aufgabe 1 – 2

Test 2

Englische Fremdwörter:	Cooler, Show, Teenager, Newcomer, crazy, Metallic-Sound, Top Ten, Trendy, Songtexte, Hobby,
Französische Fremdwörter:	amateurhafte, Niveau, Garage, Blamage

Seite 190 – 196, Aufgabe 1 – 9

Test 3

Satz a) Latein; Satz b) Griechisch; Satz c) Französisch; Satz d) Englisch
Seite 190 – 196, Aufgabe 1 – 9

Test 4

a) die Mail
b) das Styling
c) der Flirt
d) das Kidnapping
e) das Surfen

Seite 192 – 194, Aufgabe 3 – 6

Test 5

Beaut**y**farm, Fi**t**nessprogramm, Yog**a**/**J**oga-Übungen, kalor**ie**narmen, L**i**ght, Man**i**küre, din**ie**rten, Restaur**ant**, Fastf**oo**d, Desser**t**, Make-**u**p/Make**u**p, happ**y**
Seite 192 – 197, Aufgabe 3 – 11

Test 6

a) Fritteuse
b) Rhesusaffe
c) Telefon
d) Elefant
e) Photosynthese/Fotosynthese
f) Rhythmus
g) Theaterabonnement
h) Kollege
i) Portmonee/Portemonnaie
j) Chauffeur/Schofför

Seite 197 – 200, Aufgabe 10 – 16

Test 7

a) Montage	Monteur	mont**ieren**
b) Kontroll**e**	Kontroll**eur**	kontroll**ieren**
c) Abonn**ement**	Abonn**ent**	abonn**ieren**
d) Manag**ement**	Manag**er**	manag**en**

Seite 195 – 196, Aufgabe 7 – 9;
Seite 198, Aufgabe 12 – 13

Test 8

a) Spagetti; b) Foto; c) Frisör; d) Soße; e) zirka; f) Delfin; g) Jogurt; h) Panter; i) Mikrofon
Seite 197, Aufgabe 10 – 11;
Seite 198 – 202, Aufgabe 12 – 19

Test 9

Al**ph**abet, Labyrin**th**, Dati**v**, Akkusati**v**, Sympa**th**ie, **Th**ema, **Ph**ase, **Th**eorie, Darmkata**rr**s, Infe**k**te, kollid**ie**rt, A**t**mosphäre, a**th**letische
Seite 198 – 202, Aufgabe 12 – 19

Test 10

a) Jugendlicher/Junge oder Mädchen zwischen 13 und 19 Jahren; b) Neuling; c) Schande/peinliche Situation; d) verrückt
Seite 192 – 194, Aufgabe 3 – 6

Test 11

M: Dates/Interview / Star
L: Band / Tournee
M: relaxed
L: nervös / Team
M: Fans
L: Konzert / Homepage
Seite 192 – 196, Aufgabe 3 – 9

Test 12

2. demonstrieren; 3. Cowboy; 4. Blue Jeans; 5. joggen; 6. Event; 7. Philosophie; 8. Cartoon; 9. Computer; 10. Majonäse (*auch*: Mayonaise)
Seite 192 – 205, Aufgabe 3 – 22

Test 13

a) 10-ml-Probe
b) DIN-A4-Blatt
c) 20-km-Gehen
d) Film-GmbH
e) UV-Schutz
f) Profi-Tipp
g) Make-up
h) Vitamin-E-Mangel
i) Hepatitis-B-Viren
j) 40-Liter-Grasfangkorb
k) Regenwasser-Nutzungssysteme
l) Energiespar-Mitbau-Haus
m) Eis-und-Latschenkiefer-Massage-Gel
n) Kupfer-Quarz-Rosmarin-Tropfspray
Seite 206 – 209, Aufgabe 23 – 25

Test 14

Anton-Holz-Straße, Albrecht-Dürer-Allee, Nordrhein-Westfalen, Rheinland-Pfalz, Baden-Württemberg, T-Shirts, Tee-Ernte, Hawaii-Inseln, See-Elefanten, Schrott-Transporter, Schritt-Tempo, 100-m-Strecke
Seite 206 – 209, Aufgabe 23 – 25

Test 15

Meier-Lutz, 80er-Jahren, 3-Zimmer-Wohnung, S-Kurve, Heinrich-Heine-Straße, 40-Tonner, 3-mal, Fußball-WM, Sondermüll-Abgabestelle, Schallschutz-Fenster
Seite 206 – 209, Aufgabe 23 – 25

Ideal zum Nachschlagen, Üben und Lernen!

Der komplette Lernstoff in 900 Übungen.

ISBN: 978-3-12-562590-7

- **Umfassend:** In diesem Buch findest Du alle wichtigen Themen der Klassen 5-10, z.B. Zahlen und Größen, Brüche und Dezimalzahlen, Prozentrechnung, Gleichungen, Wahrscheinlichkeitsrechnung, Geometrie und Sachaufgaben.
- **Leicht verständlich:** Alle Themen werden einfach verständlich und mit vielen Beispielen erklärt.
- **Gut portioniert:** Nach Klassenstufen klar strukturierte, überschaubare Lernportionen.
- **Individuell:** Die Einteilung der Aufgaben in drei Schwierigkeitsstufen ermöglicht Dir ein passgenaues Training.
- **Selbst entdecken:** Die wichtigsten Regeln ableiten, verstehen und sicher anwenden.
- **Lerntipps:** Sie erleichtern Dir das Lernen und weisen Dich auf typische Stolperfallen hin.
- **EXTRA:** Wichtige Formeln und Rechenregeln im Überblick.

PONS

WICHTIGE RECHTSCHREIB-

Getrennt- und Zusammenschreibung

Getrennt schreibst du **Verbindungen**
- aus **Nomen + Verb**: *Auto fahren, Fußball spielen* (bei nominalisiertem Gebrauch aber Zusammenschreibung: *das Autofahren, beim Fußballspielen*)
- aus **Verb + Verb**: *lesen lernen, schwimmen gehen*
- aus **Adjektiv + Verb**: *laut singen, schön malen, weit springen*
- aus **Partizip +Verb**: *gestört werden, gefangen nehmen*
- aus **Partizip + Adjektiv**: *strahlend hell, blendend weiß*
- mit **gar**: *gar kein, gar nichts*
- mit **sein** und seinen **konjugierten Formen**: *ruhig sein; er ist dabei gewesen*
- mit **wie, zu + viel(e)**: *wie viel, zu viel*
- mit **so**, wenn sie **nicht** als Konjunktionen gebraucht werden *(so viel, so lange ...)*: *Er hat* ***so viel*** *trainiert, bestimmt wird er das Turnier nun gewinnen.*

Zusammen schreibst du **Verbindungen**
- mit **Nomen** (Verbindungen mit verschiedenen Wortarten möglich): *Fensterbrett, Blaulicht, Knallfrosch, Zehnkampf, Zwischenfall*
- aus **Nomen + Verb**, wenn die **Bedeutung** des Nomens **verblasst** ist: *eislaufen, teilnehmen*
- aus **Adjektiv + Verb** wenn eine **neue Bedeutung** entsteht: *schiefgehen (misslingen)*
- aus **Partizip + Verb**, wenn eine **neue Bedeutung** entsteht: *gefangennehmen (in den Bann ziehen)*
- aus **Verb + bleiben/lassen**, wenn eine **neue Bedeutung** entsteht: *sitzenbleiben (nicht versetzt werden)*
- aus **Adjektiv/Nomen/Verb + Adjektiv**: *bitterkalt; felsenfest; wissbegierig*
- mit **irgend-**: *irgendwie, irgendwer*
- mit **Bestandteilen**, die **kein eigenständiges Wort** ergeben: *vielfältig, oftmals*
- mit **so**, wenn sie als **Konjunktionen** gebraucht werden *(soviel, solange ...)*: ***Soviel*** *ich weiß, verreist er morgen.*

Beide Schreibweisen sind möglich:

- bei Verbindungen aus **Nomen + Partizip**:
  Aufsehen erregende Fotos/aufsehenerregende Fotos
  ein Gewinn bringendes Treffen/ein gewinnbringendes Treffen
- bei Verbindungen aus **Adjektiv + Partizip**: *froh gelaunt/frohgelaunt*
  Aber: Wird der erste Teil der Verbindung erweitert oder gesteigert, muss getrennt geschrieben werden: *weiter reichende Entscheidungen*. Wird der zweite Teil gesteigert, wird zusammengeschrieben: *weitreichendere Entscheidungen*.
- bei Verbindungen aus **Adjektiv + Verb**, wenn das Adjektiv das Ergebnis eines Vorgangs bezeichnet: *blank putzen/blankputzen; klein schneiden/kleinschneiden*
- bei einigen Verbindungen aus **Präposition + Nomen**, z. B.: *mithilfe/mit Hilfe, infrage stellen/in Frage stellen, aufgrund/auf Grund*
  (Zusammenschreibung, wenn das Nomen verblasst ist und die Zusammensetzung zu einer neuen Präposition oder einem neuen Adverb geworden ist: *infolge, anhand*)
- bei der **Konjunktion** *sodass/so dass*